Les promesses
de l'âge

Du même auteur

Le Métier de patron, avec Jean-Louis Servan-Schreiber, Paris, Fayard, 1990
La Féminité, de la liberté au bonheur, Paris, Stock, 1994
Et nourrir de plaisir, Stock, 1996
Le Bonheur de cuisiner, Paris, Éditions de La Martinière, 2010
Desserts : moins de sucre, plus de goût, Paris, Éditions de La Martinière, 2012
La Cuisine de Perla, Paris, Éditions de La Martinière, 2015
Ce que la vie m'a appris, Paris, Flammarion, 2017, J'ai Lu, 2018

Perla Servan-Schreiber

Les promesses de l'âge

À 75 ans, ma nouvelle liberté

Flammarion

Merci à Alma, Arthur, Léon, Luc,
Nicolas, Pénélope, Théo, Zak.
Mes petits-enfants,
De m'offrir une si jolie vieillesse.

« Chacun est amené un jour
ou l'autre à s'interroger sur son âge,
d'un point de vue ou d'un autre,
et à devenir ainsi l'ethnologue
de sa propre vie »

Marc Augé,
Une ethnologie de soi. Le temps sans âge,
2014, Paris, Seuil

SOMMAIRE

Vieillir au mieux de soi.

Je partage cette chance avec beaucoup de femmes.

De plus en plus nombreuses.

Celles que j'ai interrogées ont entre 74 et 94 ans.

De fort belles rencontres.

Vous retrouverez ici et là leurs verbatim, surprenants, touchants, drôles, contradictoires. Encore merci belles dames, de votre confiance et de l'image neuve et stimulante que vous donnez de la vieillesse.

INTRODUCTION

« J'accepte de vieillir car c'est la seule façon de ne pas mourir jeune »

Woody Allen

LA VIEILLESSE N'EST PAS CE QUE JE CROYAIS.
À 75 ans, j'aime mon âge. Jamais je n'ai tant aimé ma vie
Pour l'heure, je vieillis mieux que je n'ai vécu à 20 ans.
Joyeuse, sereine, active. À ma place. Merci la vie.
Devrais-je dire je n'ai QUE 75 ans ? Il semble que oui. Je ne me sens pas vieille. Du moins pas tous les jours. Alors que je me vois et me sens vieillir.
La longévité a tout changé, les repères sont brouillés. Les paradoxes s'imposent pour tenter d'exprimer cette nouvelle réalité.
J'appartiens à la première génération surprise par ce phénomène. Si on m'avait dit que j'aurais

Je vieillis mieux que je n'ai vécu à 20 ans.

vieilli ainsi, j'aurais ri. Mais surtout, j'aurais eu d'autres comportements.

Vivante je suis, malgré un corps trop souvent mécontent, un agenda (papier) noirci de RV médicaux – mais pas que ! Et la mémoire qui flanche.

La joie de vivre, elle, fait de la résistance.

Vieillir au mieux de soi est une politesse que l'on se doit.

Vieillir au mieux de soi est une politesse que l'on se doit, un vrai travail quotidien, essentiel si l'on veut rester en lien avec les autres.

La vieillesse devient alors une belle aventure : se donner comme projet de rester vivant et non de rester jeune.

Reste que vieillir n'a pas bonne réputation. Trop de femmes sont en guerre contre leur âge, s'exposant ainsi à une quête sans fin d'un but inatteignable : la jeunesse éternelle.

Est-ce bien raisonnable ? il importe de sortir de cette impasse en luttant contre les idées reçues. La seconde libération des femmes est à ce prix.

La deuxième chose à faire bouger, mais qui n'est pas l'objet de ce livre, est la façon dont les plus vieux sont perçus dans notre société – considérés comme inutiles et devenus invisibles.

Accepter sa vieillesse – et non se résigner –, cela uniquement invite à adopter les bons gestes, la bonne attitude. Non seulement pour vieillir avec élégance, celle du corps et de l'âme, mais pour vivre enfin libre. La plus belle des promesses de l'âge.

C'est possible. J'en témoigne. Consciente que d'un instant à l'autre tout peut basculer.

D'un instant à l'autre tout peut basculer.

Vieillir, enfin libre !

*« Voilà l'objectif final : conquérir
soi-même une grande simplicité inté-
rieure, mais comprendre jusque dans
ses plus fines nuances la complexité
des autres »*

Etty Hillesum

Je suis enfin assez vieille pour être moi-même.
Ne soyez pas troublé par ce mot « vieille », très
mal vu en ces temps de jeunisme. J'ai toujours
aimé les vieux. J'aime ce mot – une étape de vie
que je découvre depuis peu, et la liberté qu'elle
me procure. J'aime vieillir.
À 75 ans, je me dépouille, pour ne garder que
l'essentiel. Tel l'oignon que j'épluche avant de
le savourer. J'en détache les peaux extérieures
une à une, pour ne conserver que les plus
tendres. Et si je pleure, c'est de rire. S'alléger
est jubilatoire. Tous les choix de vie – privée et
professionnelle – sont derrière moi. Le chemin

qui se présente est plus clair, moins sinueux, plus simple, plus bref aussi. Cette conscience du temps qui reste, incite à se libérer d'un grand nombre de contraintes.

Mon unique projet est de me sentir vivante jusqu'au bout.

Mon unique projet est de me sentir vivante jusqu'au bout. Un « bout » dont j'ignore le terme. Mais qui m'invite à replacer tout événement par rapport à lui.

La mésaventure qui nous guette tous est de vieillir seul. Et lorsque la maladie s'en mêle, tout se complique. Ne reste alors que le tempérament pour faire la différence. L'âge accentue tous les traits, y compris de caractère. Il devient plus crucial que jamais de cultiver la joie de vivre et la capacité à rire de soi. Le kit de survie des vieux. Celui qui permet de rester en lien. D'un naturel heureux, j'ai la chance suprême de vivre, donc de vieillir, avec l'homme que j'aime, entourée de trois familles. La mienne, la sienne devenue la nôtre et la famille choisie, beaucoup plus restreinte, composée d'amis très chers. Cette chance, je la sais précaire. Elle n'en est que plus éclatante. Mais d'autres changements s'imposent, surtout aux femmes. Elles redoutent tant de perdre, leur séduction. Je ne crois pas que ce soit une fatalité. Avec l'âge, d'autres séductions peuvent apparaître.

Cette grâce, celle de mon chat, on l'a ou pas. Elle ne s'apprend, ni ne s'exerce, ni ne se perd.

Elle est. Et devient un trésor en vieillissant. On lui doit de rester entouré. À condition de veiller à se maintenir au mieux de soi, au physique et au mental. C'est du boulot.

Différent de la solitude affective, l'isolement social est un vrai danger. Sitôt sorti du champ professionnel, il nous menace, même en couple. D'où mon obsession d'être toujours active, tant que ma santé me le permet. Pour rester en lien, en éveil, en apprentissage. En vie.

Je ne cesse jamais d'apprendre, et d'abord à me connaître. Il me suffit, à présent, de dire OUI à ce qui se présente, avec un peu de discernement. Pas nécessairement pour réussir, mais pour la liberté de le tenter. Autre bénéfice de l'âge, me tromper n'est plus un drame, au contraire, j'apprends aussi cela. Je ne serais pas tout à fait honnête si je ne vous confiais que cette libération, cette nouvelle vie plus simple, où rien n'est grave, fut accélérée par le choix d'arrêter d'exercer mon metier. Je n'ai senti le poids du fardeau qu'en le déposant, car je m'étais habituée à vivre avec. Je découvre que je peux vivre encore mieux sans.

L'âge a cette vertu : nous ne souffrons plus de boulimie de faire, d'entreprendre, de réussir, de convaincre, d'avoir raison. Il nous invite à nous délester de tant d'obligations inutiles, de relations périphériques, d'activités ou de

Il me suffit, à présent, de dire OUI à ce qui se présente, avec un peu de discernement.

voyages qui ne nous correspondent plus. Reste l'essentiel, la curiosité et la contemplation. Et aimer.

PS : Si certains de vous se souviennent avoir déjà lu ces lignes quelque part, ils auront raison. Ces propos figuraient dans mon livre *Ce que la vie m'a appris*. Nombreux sont les auteurs et plus encore les écrivains qui vous feront cette confidence : un livre contient souvent la graine du prochain. Ma manière à moi de vous le dire.

ET SI LA VIEILLESSE ÉTAIT DÉSIRABLE ?

« L'âge a rajeuni »

Serge Guérin, sociologue

L'ENTRÉE DANS LA VIEILLESSE NE SE RÉFÈRE PLUS À UN ÂGE PARTICULIER. La longévité a tout changé. Une véritable révolution. Les vieux, pour la plupart, ne se sentent plus vieux.. Moi-même je fais partie de ces chanceux, qui se sentent un peu bizarres tout de même. Un peu flottants.

Me revoilà pour la seconde fois, après Mai-68, au croisement de ma petite histoire et d'un moment d'Histoire. Après avoir gagné ma place de femme libre et choisi ma vie, à la fin des années 1960, il me faut à présent engager la bataille de la longévité et « inventer » ma vieillesse.

Comme vous, j'y vois un progrès. Mais pour cette première génération qui en bénéficie et à laquelle j'appartiens, c'est troublant. On y est sans y être tout en y étant. Des questions nouvelles se posent, auxquelles je n'ai pas de réponse. Partager avec vous ces interrogations toutes neuves, sans référence historique, pourra peut-être aider certaines d'entre vous, jeunes et moins jeunes, à regarder la vieillesse autrement. Oui, nos sociétés vieillissent. En France, en 60 ans, nous avons gagné 14 ans de vie en moyenne. Et nous faisons moins d'enfants. Les femmes détiennent la palme de l'espérance de vie la plus longue, 6 ans de plus que les hommes d'après l'Insee. Mais rassurez-vous messieurs, sur ce plan, l'écart se resserre dans votre combat pour l'égalité avec les femmes !

Je n'oublie pas que la vieillesse peut être « un naufrage » du fait de la maladie ou pire du handicap. Ce sujet majeur pour les personnes qui en sont atteintes et pour nos sociétés vieillissantes n'est pas l'objet de ce livre. J'ai choisi de témoigner, simplement, d'une expérience insolite que je partage avec de nombreuses personnes de mon âge ou plus: une vieillesse plus tardive, plus tonique et plus longue. Quelques femmes de 74 à 94 ans prendront ici la parole avec moi, pour confirmer cette mutation.

Je n'oublie pas non plus que la vieillesse fait peur, associée à la mort. Rappelons que cela n'a pas toujours été le cas : il y a à peine plus d'un siècle, c'étaient les enfants qui mouraient le plus – situation heureusement corrigée par les progrès de la science. Aujourd'hui, les plus âgés, en première ligne, n'en finissent pas de mourir. Les rituels entourant la mort se sont considérablement appauvris, accroissant l'angoisse : « On déguiserait presque les corbillards en taxi », note savoureusement le psycho-gérontologue Jérôme Pellissier.

Ajoutons que dans notre société centrée sur la performance, valorisant l'humain actif, surpuissant, le très vieux nous met mal à l'aise. « Si nous nous obstinons à concevoir notre monde en termes utilitaires, des masses de gens en seront constamment réduites à devenir superflues », notait la philosophe Hannah Arendt.

En France, 90% des nonagénaires ne sont pas malades. Vieillir, tout comme mourir est dans la nature humaine, animale et végétale. Il s'agit d'usure, de vulnérabilité, et parfois accompagnée de maladies. On peut regretter ne pas être cette fameuse méduse immortelle des Caraïbes, minuscule, de 4 à 5 mm, et de ne pas être capable de remonter le temps, mais rien n'y fera. *Dominique, 83 ans, sociologue, celle qu'Alain Touraine appelait « la grande dame », a arrêté d'enseigner à 80 ans. Privilège légal et bénévole qui lui a été accordé par son école. À la question « Vous sentez-vous vieille ? » elle répond : « À vrai dire, je n'y pense pas ».*

Reste que vieillir n'est pas une maladie en soi.

Tant de femmes, comme Dominique sont actives, engagées, ont un charme fou, de la curiosité, une belle santé, même si leur vie privée n'est plus ce qu'elle était. Comment les nommer ? Une vieille qui ne ressemble plus à une vieille, c'est qui ? Ce qui n'est pas nommé n'existe pas.

Beaucoup ne se reconnaissent plus dans le mot « vieillesse ». Ne veulent pas être nommés « vieux » et encore moins « vieille ». Pour deux grandes raisons : la première est que sous ce vocable sont placées des personnes de condition physique très diverses. La seconde est qu'il est fort mal perçu : longtemps, il a marqué la retraite, le retrait, la maladie, la fin de toute activité. Les media eux-mêmes l'emploient rarement, craignant à juste titre de choquer leur audience.

Nous utilisons des circonlocutions dont la plus utilisée est « senior ». Chacun est en droit de penser ce qu'il voudra de ce mot inventé il y a plus de 20 ans, non sans succès, par un homme intelligent du marketing pour parler des vieux sans les nommer. Mais je n'ai encore jamais entendu une personne âgée dire d'elle-même « Je suis senior ». Encore moins « Je suis amoureuse d'un senior » ! Personnellement, senior me fait aimer davantage le mot vieille.

Reste qu'on ne supprime bien que ce que l'on remplace. Déjà au XIXe siècle, Victor Hugo écrivait : « Il est bon d'être *ancien* et mauvais d'être *vieux*. » On parle aussi des *aînés*. Edgar Morin, enviable penseur nonagénaire, parle de *continuum de l'âge*. Les Américains utilisent eux le mot d'*empowerment* : la capacité des personnes âgées même dépendantes à garder un pouvoir sur leurs choix de vie au quotidien – essentiel.

Je me risque à une suggestion : la vieillesse, désormais si longue, ne pourrait-elle se diviser en deux parties, fussent-elles inégales, pour parler de « petite vieillesse », entre 65 et 85 ans, et pour la suite de « vieillesse » ? Il est vrai que « petite vieille » n'est pas flatteur. Poursuivons nos recherches.

On parle d'âge, mais de vieillesse ? L'âge, on l'a dit, est déconnecté de la vieillesse (sauf pour Pôle Emploi, où une femme est considérée comme vieille à partir de 45 ans et un homme à peine plus.). La médecine en est l'heureuse responsable, tout comme elle avait, avec la pilule, dissocié la sexualité de la maternité. Deux progrès qui changent la vie de chacun et la société. Le Traitement Hormonal Substitutif (THS) pour les femmes qui en font le choix, supprime quasiment les effets de la ménopause, énergie intacte, sexualité active. Avec le viagra ou équivalent pour les hommes, ce sont des découvertes libératrices. Selon l'expression du sociologue Serge Guérin » l'âge a rajeuni ».

Rappelons que la longévité est en marche depuis plus longtemps, grâce aux antibiotiques, vaccins et tant d'autres découvertes qui ont fait reculer les épidémies et l'âge de la mortalité.

Alors, puisque âge et vieillesse sont déconnectés, pourquoi diront certains, ne pas « effacer » l'âge pour ignorer la vieillesse ? Mission/ illusion accomplie par les industriels de la cosmétique avec l'idéologie de l'anti-âge et son mantra « rester jeune ». Ainsi s'installe le piège du jeunisme, ou religion de la jeunesse pratiquée surtout par les moins jeunes – j'en reparlerai. Avant que s'efface la dernière frontière, qui nous permettrait de rester jeune jusqu'à la mort. Puis, dernière étape à laquelle travaillent et rêvent les transhumanistes : la mort de la mort.

Mon âge, que décidément j'aime beaucoup, m'épargnera de vivre ce que je considère comme une malédiction : vivre eternellement. La mort sera venue me cueillir bien avant.

Vieillir est une chance, si la maladie ne vient pas cogner à la porte. Ou si l'on n'est pas fauché par l'accident qui, par exemple, a empêché Albert Camus, à 46 ans, de vivre sa vieillesse. Nous privant ainsi de textes qui nous auraient aidés à mieux vivre la nôtre.

La *réalité* de la vieillesse a changé. « La majorité des octogénaires sont plutôt en forme », explique Jérôme Pellissier, docteur en psycho-gérontologie. « Il y a une confusion permanente entre la vieillesse et la maladie [...]. Or il y a une minorité qui va mal et qui est visible, mais la majorité se porte bien. On ne les remarque pas. »

Le monde, la science, notre quotidien ont changé. La vieillesse mérite un nouvel imaginaire, qui corresponde, au minimum, à cette nouvelle réalité. Je reconnais que ça n'est pas simple, que ce sera long, puisque le phénomène est sans précédent. On le sait, on le voit mais c'est comme si on n'y croyait pas. Yann Arthus-Bertrand m'a dit un jour à propos du réchauffement du climat et de l'urgence écologique : « Les gens ne veulent pas croire ce qu'ils savent. » Ni notre mémoire, ni *a fortiori* celle de nos parents, ni les livres d'histoire ni même la littérature n'ont décrit ou donné à voir une vieillesse qui n'en est pas une. Elle finit par arriver mais, nous l'avons dit, en moyenne, 14 ans plus tard !

Il est permis de tricoter ensemble un imaginaire désirable et raisonnable pour ce nouvel âge si singulier, pas même encore nommé.

Pour que s'estompe non pas la vieillesse, mais la peur de vieillir.

La vieillesse mérite un nouvel imaginaire, qui corresponde, au minimum, à cette nouvelle réalité.

« Les gens ne veulent pas croire ce qu'ils savent. »

Pour que s'estompe non pas la vieillesse, mais la peur de vieillir.

C'EST QUOI VIEILLIR ?

« *Chacun sait quand commence la jeunesse mais personne ne peut dire quand elle se termine. [...] à l'inverse : personne ne peut dire quand commence la vieillesse mais chacun sait quand et par quoi elle se termine* »

Michel Billé, sociologue

UNE SENSATION ÉTRANGE SURGIT À CET INSTANT PRÉCIS : je vis une sorte de télescopage, entre enfance et vieillesse. Comme si, par magie, une soixantaine d'années étaient gommées.

La petite fille est devenue vieille. Je comprends que ma joie de vieillir est une joie d'enfant. Pleine et entière.

Pourtant, aucun doute, j'habite cette nouvelle « maison » et l'écriture de ce livre m'y installe. J'observe avec une attention particulière ce que je ressens, ce que je fais, ce que je ne fais plus.

Ma joie de vieillir est une joie d'enfant. Pleine et entière.

À ma question « À partir de quel âge vous êtes-vous sentie vieille ? », Yvonne, 94 ans, catégorie hyperactive, œil bleu vif et sourire franc, réfléchit et me dit : « À 90 ans. Mes enfants m'ont demandé de ne plus conduire. J'ai dit oui. Mais ça m'embête ! »

Ça ne s'invente pas.

Vieillir n'est pas toujours ce que l'on croit. Du moins ce qu'il était légitime de croire il y a encore 50 ans.

Dire aujourd'hui, « je suis une vieille dame » lorsqu'on est encore en forme, présentable et joyeuse, fait sourire. Probablement que dans notre mémoire faite de références vécues, une vieille dame est une femme qui n'est plus dans la course, plus dans le même rythme de vie, plus habillée de la même façon, plus dans la séduction, plus dans des projets… Mais désormais, une vieille dame fait tout cela.

Nos enfants et nos petits-enfants, lorsqu'ils seront septuagénaires ou octogénaires, si on leur laisse une planète en état, ne ressembleront plus à des vieux – ou du moins à l'image que l'on s'en fait encore aujourd'hui.

Christiane, journaliste, 87 ans, 3 divorces, vit seule, a une famille nombreuse et de grandes difficultés à marcher. Elle qui fut une grande sportive. Mais elle a gardé sa fraîcheur, sa curiosité, son courage et ses éclats de rire. Elle aime à me répéter, comme pour me convaincre : « *Tu sais, je suis vraiment vieille. Mais jusqu'à 80 ans, je ne l'étais pas.* »

Nous sommes inégaux devant l'âge. Nous ne vieillissons pas au même rythme, ni de la même façon, ni surtout avec la même attitude. Entre l'âge réel donné par l'état civil, l'âge que l'on vous donne et celui que l'on ressent, seul ce dernier est à questionner. Une étude américaine portant sur 500 000 personnes a d'ailleurs établi qu'après 30 ans, les gens se sentent moins âgés de 10 ans qu'ils ne le sont. Encourageant !

Mes premiers exemples de femmes mûres ont été ma grand-mère puis ma mère. Elles incarnaient le modèle de femme au foyer qui a duré jusque vers les années 1960-1970. À cette époque, la ménopause, en signant la fin de la maternité, marquait la fin de la féminité et le début du vieillissement. Cela n'a plus été le cas pour moi. Grâce à la contraception puis au Traitement Hormonal Substitutif que j'ai choisi, conseillée et suivie par un gynécologue qui a ma confiance. Mais alors, si la ménopause ne signe plus la vieillesse, si elle ne met plus fin à la sexualité, pour les hommes comme pour les femmes, c'est quoi vieillir ? Des cheveux blancs ? Des rides ? La retraite ? Ne plus avoir de projets ? Plus d'enfants à la maison ? Passer sa vie chez les médecins ?

Entre l'âge réel donné par l'état civil, l'âge que l'on vous donne et celui que l'on ressent, seul ce dernier est à questionner.

Je ne me suis pas réveillée un matin en me disant : « Ça y est, je suis vieille. » Cette expérience est progressive, insidieuse, indolore. Elle fait son travail peu à peu sur le corps et sur l'esprit – et si le corps se flétrit, l'esprit s'élargit. Une belle découverte. Mais dans le même temps, elle est soudaine, fulgurante.

Probablement parce qu'on ne veut pas se voir vieillir.

Les premiers témoins, pourtant, sont l'œil et le miroir.

« Je ne me vois pas aussi vieille que je le suis », commente Dominique, lucide, « sauf lorsque mes enfants me montrent des photos anciennes ! ».Ceci est vrai pour chacun.

La peau donne les premiers signes, les cheveux puis le corps dans son ensemble. Nous reviendrons sur ce sujet ô combien important du corps.

Il y a l'oreille aussi qui écoute parler ce corps. Ainsi un mouvement, un geste, jusque-là aisé, devient difficile. Ce matin, voulant monter la marche haute de la terrasse, j'ai dû m'y reprendre à 2 fois, avec une petite résistance de la cuisse. Sans le moindre doute, je me suis dit, c'est l'âge. Puis j'ai souri, me souvenant qu'hier déjà, j'ai observé la même difficulté, sans établir ce lien.

Vieillir est un chemin. Vieillir est un chemin.

Un chapelet de prises de conscience, d'obser-
vations, de sensations agréables, d'autres plus
pénibles, d'envies qui s'effacent quand d'autres
s'invitent. Du regard des autres, de réflexions.
Du mouvement de la vie. L'esprit neuf.
J'ai tout entendu : « Moi j'ai vraiment senti que
je vieillissais à 45 ans », ou « J'ai pris un coup
de vieux à 60 ans », ou encore « À 90 ans, je me
suis aperçue que j'étais vieille ». Pour être tout
à fait honnête, je ne saurais dire quand cela a
commencé pour moi.
Quelques signes, cependant, dans mon comportement et celui des autres à mon endroit,
indiquent bien que j'y suis.
Lorsque je me réveille fatiguée une heure plus
tard ou que le sommeil s'impose sans commen-
taire à 21h30.
Lorsqu'une femme, pas si jeune que ça, me
propose sa place dans l'autobus.
Lorsque je me surprends à aimer la campagne
pour de longs séjours, moi l'amoureuse de Paris,
citadine dans l'âme et pour qui le moindre brin
d'herbe était synonyme d'ennui.
Lorsque je me ressers d'un gâteau. Le sucre
console dit-on, mais de quoi d'ailleurs ?
Lorsque je cherche en vain, le nom d'un fami-
lier.
Lorsque je dis, non sans courage, que je ne twitte
ni ne retwitte.

Lorsqu'on me dit « Tu as très bonne mine » et que je réponds « Plus 5 kilos en 1 an ».
Et, comme je vous dis tout :
Depuis que je lis *Le Figaro* et que je préfère le chocolat au lait au 75% noir.

C'ÉTAIT COMMENT
AVANT ?

*« À aucun moment de ma vie je n'ai
eu l'âge de mon état civil »*

Louis Aragon

PLUS NOUS VIEILLISSONS, PLUS L'ENFANCE REMONTE À
LA SURFACE.
La mienne s'est déroulée au début des années
1950, au Maroc, où je suis née.
Je vous l'ai dit, j'ai grandi avec deux modèles de
femmes. Ma grand-mère, régnante et soumise.
Ma mère qui enrageait de n'avoir rien choisi, de
n'avoir pas eu « la vie qu'elle méritait ».

Ma grand-mère

Je l'ai toujours connue vieille, belle, majes-
tueuse et discrète. Habillée dès son jeune âge

de robes à la cheville, les manches jusqu'au coude, été compris. Toujours de ravissantes boucles d'oreilles ornées de pierres précieuses – l'émeraude étant réservée pour les grandes occasions – et des bracelets fins en or aux deux bras. Sa tête était coiffée d'un foulard toujours noué de la même façon, au-dessus de la tête, nœud légèrement à gauche. Comme il était en soie, il lui fallait régulièrement le ramener sur le front et le renouer. Un geste que j'aimais beaucoup et qui longtemps m'a paru infaisable, bien qu'exécuté, comme tout ce qu'elle faisait, avec une extrême délicatesse.

Elle était analphabète et avait épousé à 11 ans, un homme instruit – choisi par ses parents, est-il besoin de le rappeler ? Leur relation était d'une immense tendresse, elle avait pour lui un infini respect qu'elle nous a transmis. Il était celui qui sait, qu'on écoute, et qu'on respecte. Lorsqu'il arrivait à la maison, on lui embrassait la main puis il posait cette même main sur notre tête et nous bénissait. Des gestes sacrés qui ont compté. La spiritualité nous a été offerte au berceau. Avec lui, on se sentait protégés, en sécurité.

Mais c'est ma grand-mère qui régnait. J'ai observé ce phénomène pendant toute mon enfance, vivant dans un pays de structure féodale et communautaire. Chez les juifs comme chez les musulmans, ce sont les femmes qui gouvernaient à la maison : les enfants, la nourriture, le linge, la couture, la discipline. Instruites ou analphabètes. Un matriarcat. Tout en étant soumises corps et âme.

Mes grands-parents ont toujours été pour moi deux vieilles personnes. Pourtant ma grand-mère, dont j'ai toujours ignoré l'âge – elle aussi, je crois –, devait avoir moins de 45 ans lorsque j'en avais 5, et mon grand-père, moins de 60. J'ai séjourné chez eux, au bord de la mer, tous les étés de ma vie jusqu'à l'âge de 20 ans. À l'époque, les étés duraient 3 mois. Une éternité. Grâce à eux, le soleil et la mer habitent mon cœur et mon âme. La vieillesse aussi. Loin de m'effrayer, elle me séduisait. Elle me semblait dans la nature des choses – mieux, un accomplissement.

À dire vrai, inconsciemment, il me tardait de devenir vieille. Les vieux étaient respectés, honorés. Ils étaient servis et vivaient à un rythme qui me plaisait.

Les anthropologues remarquent fréquemment l'importance des privilèges dont jouissent les personnes âgées dans les sociétés traditionnelles actuelles. Pour l'Asie du Sud-Est, Georges Condominas notait : « Le privilège de la vieillesse se trouve sur tous les plans. Le vieillard, entouré d'affection, a droit à des tas de faveurs. [...] ce n'est pas par devoir de protéger un être affaibli, mais parce que le bonheur irradie et profite à l'entourage de l'homme ainsi favorisé. Atteindre le grand âge est considéré comme un bonheur dont on se réjouit [...]. On ne peut pas, comme chez nous, le mettre à l'écart, l'éloigner dans une maison de retraite, il reste au milieu des siens, car il est la preuve manifeste de la réussite du groupe ». De son côté, pour l'Afrique noire, Louis-Vincent Thomas observait le prestige considérable dont jouissaient les vieux dans les vingt-deux ethnies qu'il a pu étudier : « Expérience, disponibilité, éloquence, savoir, sagesse, voilà ce que justifie l'image idyllique que le Négro-africain se fait du vieillard. [...] C'est qu'une société de pure oralité a besoin de ses vieux, symbole de sa continuité en tant que mémoire du groupe et condition de sa reproduction. » C'est ce rôle social, au départ si important, qui va sans cesse être remis en cause dans les sociétés historiques occidentales. L'individualisme a gagné du terrain. Le « nous » – famille, communauté, quartier, qui prévalait sur le « je » dans mon enfance s'est effacé. Et la taille des appartements s'est considérablement réduite !

Ma mère

Je réalise ce paradoxe : j'ai clairement voulu ne pas vivre comme elle – j'ai dit non à la dépendance financière, non au mariage « arrangé » et j'ai choisi ma vie. Et pourtant comme elle, j'aime faire la cuisine quotidiennement, la pâtisserie, rire, être curieuse de tout, avoir des amis et les servir à table. Les gènes encore et toujours, mais avec la chance de vivre à une époque différente et de travailler.

Elle était femme au foyer sans autonomie financière. Ce fut un drame dans sa vie. Elle l'a toujours exprimé et regretté.

Mariée à 14 ans avec un jeune homme de 19 ans qu'elle a découvert, si ce n'est la veille de son mariage, du moins très peu de temps auparavant. Enfant gâtée par des parents aimants qui avaient du bien, elle ne manquait de rien – professeur de piano, vêtements raffinés faits par une couturière qui venait à la maison. Et elle se retrouve, du jour au lendemain, à vivre à 400 kilomètres de là, avec son mari, chez ses beaux-parents, mère d'un premier garçon à 15 ans. Un traumatisme.

Très tôt après son mariage – elle avait déjà 2 enfants, elle a souhaité retourner chez ses parents. « Ta place est là-bas, près de ton mari », lui a-t-on répondu. Coincée à vie.

Cette dépendance fut pour elle un déchirement. Elle avait cette intuition que d'autres chemins de vie auraient été possibles. Le sentiment d'avoir eu les ailes coupées. Pour autant, elle avait le goût de vivre chevillé au corps. On s'en est aperçu à la fin de son existence, alors qu'elle était atteinte de maladies lourdes. Elle est morte à 93 ans.

Son tempérament joyeux et probablement une relation plus complexe à mon père qu'elle ne le disait, où tout n'était pas si noir, lui ont permis de bien vieillir. Quand mon père est mort, j'ai vu ma mère devenir une femme épanouie, quoique paumée, organiser sa vie, s'entourer à table d'amis que ses talents de cuisinière comblaient. Elle a vécu ainsi 20 ans. Pour cette génération de femmes, la solitude, et plus particulièrement manger seule, était une malédiction.

Ma mère ne m'a rien épargné de ses souffrances ni de ses regrets. Ils m'ont été ensuite très précieux pour choisir mon propre chemin. Lequel était simple : gagner ma vie toute ma vie et pas d'enfant. Je m'y suis tenue sans jamais le regretter. La chance que j'ai eue dans cette famille est qu'étudier était prioritaire. Je viens d'une lignée de rabbins et de philosophes inscrite depuis le 12ᵉ siècle. Un bel héritage. Faire des études me fut possible. Traduisez : être libre. Une bourse, de petits boulots, puis mes frères

m'ont accueillie pour poursuivre mes études
à Casablanca et enfin à Paris. Je leur en serai
reconnaissante toute ma vie.

Ma mère, ma grand-mère. Où en suis-je, par
rapport à elles ?

Je ne suis pas la même vieille qu'elles au même
âge. N'ayant pas eu la même vie – et surtout
pas à la même époque –, je n'ai pas la même
vieillesse. Je ne me sens pas vieille comme ma
grand-mère a été toujours vieille pour l'enfant
que j'étais. Peut-être le deviendrai-je un jour.
Peut-être jamais parce que je partirai avant...
En même temps, je le suis, parce que j'ai l'âge
que j'ai, 75 ans.

« Tu fais jeune » lorsque j'annonce mon âge,
confirme bien cette complexité entre se sentir
vieille, être perçue comme vieille et être vieille.
Confirmation, dans le même temps, que l'on
vieillit. Car « faire jeune » n'est pas « être jeune ».
Être jeune est un temps court de la vie.
Mais *rester vivant* est le travail d'une vie.

Rester vivant
est le travail
d'une vie.

Le jour
où j'ai commencé
à vieillir : le VGV

*« Avant j'avais peur du cancer. Plus
maintenant, j'en ai un ! »*

Jean-Louis Trintignant

VGV, Vieillir à Grande Vitesse.
Au fond, plus encore que mon miroir, c'est
mon agenda qui me renvoie l'image de mon
vieillissement.
J'en ai fait l'expérience, avec le cancer du sein
et les traitements qui l'accompagnent.
Pour moi, l'aventure est récente : à 72 ans.
Septembre 2015, mammographie et échogra-
phie, jusque-là routinières, dévoilent la tumeur.
Merci la prévention, merci la France !
Et me voilà dans la statistique mondiale « au
cours de sa vie, 1 femme sur 3 aura un cancer, » —

« l'épidémie », comme disait David Servan-Schreiber. Et surtout dans la machine implacable des rendez-vous médicaux et examens multiples. Coup de chance, pris à temps, opéré dans les meilleurs délais par une équipe formidable. Pas de chimio.

Rentrée chez moi après 2 jours d'hospitalisation. Sans douleur, ni avant ni pendant ni après. Sans inquiétude aucune. Sans fatigue. Soulagée et guérie… pour l'instant.

Cancer, ces six lettres sont anxiogènes. Pour l'entourage surtout. En même temps, c'est d'une telle banalité. Comme pour la vieillesse, l'imaginaire du cancer n'a pas ou peu évolué, alors que la recherche a fait des pas de géant. Beaucoup, comme moi, n'ont pas souffert – sinon de la discipline d'un agenda saturé d'analyses et de radios avant l'intervention, puis suivi de contrôles. Mais il serait malvenu de parler de « souffrance », dans mon cas.

Tout ça ne serait plus qu'un souvenir si l'expérience n'était suivie d'un traitement de 5 ans, pour m'épargner une récidive… et déclencher ma ménopause à 72 ans. Formidable accélérateur de vieillesse. Je rappelle que le THS que j'ai suivi à partir de 50 ans, avait pour but de bloquer la ménopause. Il importe de l'interrompre, sitôt le diagnostic cancer posé. Ce qui provoque une ménopause tardive, aggravée par le traitement préconisé pour reduire les risques de rechute.

Un minuscule petit comprimé à avaler tous les soirs qui rend la vie fort inconfortable, pour le dire gentiment. Cela suffit pour déclencher le VGV, mon vieillissement à grande vitesse Sommeil perturbé, bouffées de chaleurs jour et nuit. Sautes d'humeur. Sensation de fatigue insolite. Difficultés de concentration – pour écrire, un sérieux handicap qui chahute les dates de remise des manuscrits.Desséchement violent de la peau, des cheveux, des ongles et prise de poids qui me rappelle de trop mauvais souvenirs. On stocke davantage en vieillissant.

Comment se fait-il que je ne me sente toujours pas vieille ? parce que ces symptômes sont ceux des suites de la maladie et non du vieillissement. Même si la ressemblance est grande. Notons que toutes ces taquineries auraient surgi de la même façon ou presque si j'avais eu un cancer du sein à 40 ans. Aujourd'hui on m'offre des éventails. Et ça m'amuse.

Qui dit ressemblance dit confusion entre maladie et vieillesse. Etre malade peut survenir à tout âge. Moins la vieillesse. Nous decouvrons alors la vulnérabilité du corps, une école de l'âge. Sorte de laboratoire. Sa vertu ? nous inviter, à marche forcée, à l'écouter davantage, à prendre soin de lui. Une vigilance et des réflexes qui deviennent indispensables, malade ou pas, quand l'âge avance.

Comme tout un chacun, je ne résiste pas à vouloir changer, un tout petit peu, le monde. Mon ambition, en vous racontant cet episode ? Alléger le mot « cancer » de cette charge mortifère automatique qui y est associée. Encore trop souvent justifiée, j'en conviens : pour le seul cancer du sein, 12 000 décès en France en 2015. Mais, vous le savez, les progrès, grâce à la prévention et aux nouvelles thérapies, sont fulgurants pour ce cancer, avec un taux de survie à 10 ans de 80%. Les chances de guérison sont élevées s'il est pris à temps. Tout peut très bien se passer et sans douleur, j'en témoigne.

Comme il se doit, le mental est déterminant. Le tempérament, décisif. Affaire de patience et d'acceptation, encore et toujours. Mais à deux cette fois, avec JL. J'apprends à mieux connaître mes limites et à les respecter. Nous nous adaptons ensemble à ces changements. Comme toujours, face à une situation qui bouleverse nos rituels, on éclate de rire.

Au chapitre « Renoncements et découvertes », j'accepte de m'habiller en coton hiver comme été. Deuil du cachemire. Mais triomphe de la chemise blanche que j'aime tant. De m'éponger le front et la nuque fréquemment. De soutenir le regard de l'autre, qui me voit soudainement m'enflammer telle la braise. Je souris pour le rassurer. À l'usage de l'éventail, utile et non sans charme, qui signe la mise en scène du malaise, j'ai préféré tenter la respiration profonde, jusqu'à ce que la bouffée se dissipe. Ça marche, souvent.

Pour vous faire rire, tout comme j'en ai ri, trois semaines après le sein s'est déclaré un cancer de la peau que je dois au trop de soleil dans la première moitié de ma vie. J'ai mangé mon « capital-soleil », comme disent les dermatos, par manque d'informations à l'époque. Un petit bobo au pied gauche où il a choisi de se manifester, opéré deux fois. Contrairement au sein, désagréable, douloureux. Bénéfice secondaire ? Mon amie Sophie m'a offert une paire de chaussons impression panthère, connaissant mon goût pour les félins. Récompense qui m'a permis de trotter partout. Cicatrisé. À surveiller tous les trois mois comme le sein. Ce que je fais religieusement, auprès d'un onco-dermatologue. J'ignorais l'existence de cette spécialité devenue nécessaire avec l'augmentation des cancers de la peau dus au soleil et probablement à la pollution.

J'ai hésité à raconter tout cela. Si je me suis décidée à le faire avec moult détails, vous l'aurez compris, ça n'est aucunement pour me faire plaindre. Je ne suis pas à plaindre, au contraire. Je n'ai rien d'une héroïne, je suis une grande inquiète. JL est héroïque, lui, de supporter mes réactions intempestives face à la peur de toutes petites choses. Mais devant une épreuve forte, je fais confiance à la vie et à la médecine. Une chance. Mon mental se met en mode action et je ne pense plus qu'aux autres – les quelques proches informés, les médecins et infirmières qui me soignent. Je les accompagne. Les choses se passent alors plus facilement que si on part en guerre avec anxiété contre la Providence. Le « pourquoi moi ? » est compréhensible, fréquent mais nuisible. Plus on y va avec détermination, plus vite on en est sorti.

La maladie et son cortège de traitements m'enseignent à vieillir. À vivre aussi. À devenir plus bienveillante avec moi-même. Pas si simple pour moi. Les progrès sont lents mais encourageants.

Devenue plus vulnérable, j'apprends à m'adapter. Belle école que la vieillesse !

J'éprouve et prends conscience du sentiment de fragilité du corps. Devenue plus vulnérable, j'apprends à m'adapter. Belle école que la vieillesse ! L'opportunité est quotidienne. N'ayant aucun goût ni aucune disposition pour la performance, j'ai toujours considéré la fragilité comme une vertu, une alerte, donc une ressource.

Un beau chantier s'ouvre à moi en compagnie
de mon inséparable joie de vivre et de l'homme
que j'aime. Une chance insolente.

LA GUERRE À L'ÂGE
EST DÉCLARÉE

« Vieillir fait partie du destin d'un homme. Pour une femme, vieillir n'est pas seulement un signe du destin... C'est aussi le signe de sa vulnérabilité »

Susan Sontag

COMME UNE FIÈVRE VIOLENTE : il faut à tout prix rajeunir – les individus, les marques, les « cibles », comme on dit dans le marketing.

Qu'il y ait des raisons de craindre la maladie, la solitude, la perte d'autonomie, et au-delà la mort, quoi de plus humain ? Mais ce qui m'occupe ici, ce sont les femmes (surtout ; même si les hommes rattrapent leur retard) dont le fantasme est de« rester jeune à vie ». En rêver peut être stimulant. En faire un projet est forcément décevant. Une illusion, qui assure une vieillesse contrariée – d'autant qu'elle risque d'être longue.

La réalité a beau nous exposer chaque jour des femmes séduisantes, créatives, actives à la cinquantaine, soixantaine, septuagénaires voire octogénaires, la vieillesse reste une sorte d'épouvantail. Et la jeunesse, la valeur dominante.

Quoi qu'il en soit, l'idéologie anti-âge porte bien son nom. Elle invite à partir en guerre contre son âge – comme s'il nous était extérieur, une sorte d'intrus. Ce combat demarre de plus en plus tôt. Avant 30 ans, on est prié de traquer la ride. Autant avoir une hygiène de peau et de vie, le plus tôt possible, est souhaitable et recommandé, autant, les témoignages de certains chirurgiens esthétiques ont de quoi inquiéter. Ils rapportent que dès l'âge de 20 ans, les plus nanties viennent pour effacer une « ride » au front.

Sortir de l'impératif du jeunisme, exige de trouver en nous la tranquillité d'accepter notre âge. Point de départ, non d'une resignation, mais d'une action adaptée et efficace.

60 ans est une étape de vie souvent joyeuse pour les femmes. Elles veulent en profiter. 45% des femmes âgées de 55 à 65 ans avouent vivre « un décalage entre leur apparence physique et leur état d'esprit ». Une personne n'est considérée comme âgée que vers 80 ans.

Nous disposons, et c'est heureux, d'informations scientifiques sur les modes vie à adopter pour vieillir convenablement ; de produits

Il nous appartient de trouver en nous la tranquillité d'accepter notre âge pour agir en conséquence, non pour nous résigner.

cosmétiques de plus en plus efficaces, agréables, à tous les prix, même si leur discours reste focalisé sur la « jeunesse ». Ça bouge un peu, je le reconnais, sous la pression de quelques égéries de marques qui osent parler de leur âge. Elles se *sentent* belles et séduisantes en l'assumant : Kate Winslet, Christine Scott Thomas, ou encore Isabella Rossellini.

Prendre conscience que vieux peut se conjuguer désormais avec séduisant, actif, curieux, créatif, joyeux, mais aussi, fatigable, ralenti ou souffrant, n'est-ce pas une chance ? Merci au progrès et aux chercheurs en tous genres. Merci aux philosophes qui nous enseignent l'acceptation, en ceci que la seule alternative est la souffrance. Mais il serait regrettable de penser, que parce que l'on est tout ou partie de ce qui précède, et qu'on porte des baskets, on est jeune. Dans une génération, on ne s'étonnera plus du tout de voir beaucoup plus de septuagénaires en pleine forme. Aujourd'hui, le 3e âge ressenti commence à 76 ans. J'en ai 75, je n'y serais donc point encore ? À voir ! Colette qui souffrait de rhumatismes, disait à une admiratrice qui la félicitait : « Oui mon enfant, mais il y a l'âge. Mais à part l'âge ? Il y a l'âge. »

DIRE OUI À MON ÂGE

« Ce qui est arrivé est arrivé, ce qui est là est là, et c'est de là que nous partons »

Swami Prajnanpad

PEUT-ON DIRE LES CHOSES PLUS SIMPLEMENT ?
Quand la vieillesse est là, sitôt ressentie, un nouveau départ nous est offert – « une seconde vie », pour emprunter au philosophe François Jullien le très beau titre de son dernier ouvrage. Chacun est en droit de la nier, s'installant dans l'illusion de la jeunesse durable. La déception guette. Le risque, aussi, de se priver d'une expérience unique.
Il est permis aussi de l'accepter, de l'accueillir. Dans un premier temps avec curiosité. Puis d'en découvrir peu à peu les contours, les ressources, les désagréments.
Les premiers signes – je ne parle pas que des rides – ne marquent en rien une rupture avec

la précédente vie. Ils sont en lien avec elle, puisque portés par elle. Portés puis libérés, comme une mère porte et met au monde son enfant.

Cette gestation silencieuse, indétectable, peut porter au déni. Nous savons, sans trop le comprendre, qu'il existe un déni de grossesse : bien que le ventre reste plat, un bébé, un vrai, arrive. Le déni de vieillesse est une attitude bien plus fréquente et encouragée, chez les femmes surtout − alors même, nous l'avons vu, que la vieillesse n'est plus ce qu'elle était, plus tardive, plus active, plus longue.

J'ai choisi d'accepter ma vieillesse, comme tout ce que m'offre la vie, agréable ou pas. Non que ce soit toujours simple. Mais c'est toujours possible, puisque ça ne dépend que de moi.

J'ai fait mienne la formule lumineuse de Swami Prajnanpad, un maître indien décédé en 1974 : *« L'acceptation joyeuse de la réalité »* « l'acceptation joyeuse de la réalité ». Ce fut pour moi une révélation. À prononcer lentement, frequemment ,tout au long d'une vie.

Un vrai sage qui n'a donc rien écrit ni publié, pas plus que Socrate, Bouddha ou Jésus. Mais dont les disciples ont retranscrit les entretiens qu'ils ont eu le privilège d'avoir avec lui. Pour moi, le passeur fut Arnaud Desjardins, ancien réalisateur de télévision dans les années 1950-1970. Un sage à sa manière, décédé en 2011.

Il a travaillé huit ans avec Swamiji, tel que le nommaient ses disciples.

Pourquoi accepter joyeusement la vieillesse ? Ou du moins se mettre en chemin pour y parvenir. N'est-ce pas baisser les bras ? Se résigner ?

C'est tout l'inverse. Les Orientaux savent cela mieux que les cartésiens que nous sommes. S'initier à l'acceptation est en soi une révolution. Accepter pour vivre pleinement, avec la disponibilité et l'énergie requises, l'expérience de vieillir au mieux– tout comme le fut la jeunesse. S'y consacrer et prendre les bonnes décisions, sur une base réaliste recharge en énergie. Se libérer de la jeunesse, des choix d'engagement et de construction qui s'y rattachent, et commencer doucement à vivre cette « seconde vie ». Courte mais plus libre, active ou/et contemplative, pleine de surprises en tous genres. Différente de la première, dont elle porte les gènes et la mémoire, mais à inventer de façon pragmatique et personnelle.

L'acceptation, je la vis comme un horizon et un chemin, parfois chaotique. Une fois intégrée, elle s'impose comme la seule manière de vivre libre. Le déclic s'est produit lorsque j'ai réalisé que l'alternative à l'acceptation est la souffrance. Décisif pour lâcher-prise.

Parmi les femmes que j'ai interrogées – mon échantillon était certes limité à une dizaine –,

S'initier à l'acceptation est en soi une révolution.

L'acceptation, je la vis comme un horizon et un chemin, parfois chaotique. Une fois intégrée, elle s'impose comme la seule manière de vivre libre.

toutes acceptent la vieillesse, à leur manière. Comme le dit si joliment Marc Augé, elles « n'en font pas un plat ». Toutes sont actives et joyeuses, malgré tout. Dans ce tout, il y a aussi du tragique.

Il ne suffit pas de vouloir vieillir convenablement pour y parvenir, ni même d'avoir une vie saine et heureuse. La vie a plus d'un tour dans son sac. Mais sans cela, les chances pour y parvenir sont moindres.

Accepter de vieillir et se donner comme projet de vivre le mieux possible cette dernière tranche de vie est une aventure unique.

Accepter de vieillir et se donner comme projet de vivre le mieux possible cette dernière tranche de vie est une aventure. Une révolution proposée par la longévité, que l'on peut vivre comme une seconde libération, si on lâche sa jeunesse. Après celle de la contraception qui nous a permis de nous réapproprier notre corps et notre dignité, il importe de dire OUI à notre âge, pour l'habiter pleinement.

Et le vivre.

Rester au mieux de soi, une écologie

« Il faut se tenir au difficile. Tout ce qui vit s'y tient »

Rainer Maria Rilke

Si je devais résumer mon kit de vie, à l'acceptation, j'ajouterais également, la joie de vivre, la cuisine, l'allure et aimer.

L'idée d'écologie personnelle m'est chère.

J'en mesure les bénéfices au quotidien. Elle rejoint et complète la grande qui pourrait préserver notre planète, nos descendants, nos animaux etla nature que nous aimons.

Je crois, d'expérience, qu'on peut cheminer agréablement son âge, si l'on en fait un projet, en conscience, le plus tôt possible.

Un joli proverbe indien nous rappelle que le corps et l'âme sont une seule et même chose : « Fais du bien à ton corps pour que ton âme ait envie d'y rester. »

« Fais du bien à ton corps pour que ton âme ait envie d'y rester. »

Cette dimension spirituelle m'est précieuse : je serais tentée de parler d'écospiritualité. Une série de rituels que les années ont forgés, affinés, installés et qui me font du bien. L'âge nous conduit à mieux nous connaître et à faire le tri dans nos pratiques, comme dans nos placards (je n'y suis pas encore) et notre environnement. Certains de ces rituels apportent le calme, les autres le rire, d'autres encore l'émerveillement. Tous renforcent les liens, à soi ou aux autres. Ma gamme est large, depuis la marche en solitaire au petit matin, dans Paris ou ailleurs, à mes escapades avec Roulades & co, un groupe de 4 amies gourmandes qui partons faire des découvertes culinaires, voire gastronomiques, sans frontières. Je ne connais rien de plus joyeux. Notre nom en témoigne. Ces petites joies élèvent, dilatent, donnent l'élan de vivre. D'où sa dimension spirituelle.

Cette pratique de l'écospiritualité me confirme dans la voie du « sans pourquoi » – une « philosophie » que je développerai pour vous. Elle me permet aussi, très accessoirement, de relativiser quelques minirenoncements dus à un corps qui a perdu de sa fermeté – les manches courtes (à paris) ou le maillot deux pièces. Ces petits détails « de fille » ont leur importance.

Quand on reste en bonne santé, on peut être tenté de garder une activité soutenue dans la journée. Des soirées monacales s'imposent alors ainsi qu'une manière de se nourrir à peu près irréprochable, moins et mieux. Pas d'alcool ou presque. Se coucher et se lever tôt.

Cette hygiène de vie physiologique et mentale est la mienne. JL la partage avec moi.

Le but de tout cela ? Vieillir au mieux de soi. Se sentir bien, chaque jour.

Vieillir au mieux de soi.

Pour moi, le meilleur moyen de me sentir vivante, est de rester reliée aux autres. Pour le faire et y prendre plaisir, il importe d'être au mieux de soi.

Nous pouvons tous et toutes y parvenir.

Ainsi, manger mieux et moins, quoique difficile, est à la portée de chacun. Informés de l'essentiel, nous pouvons l'être tous gratuitement, grâce à Internet. Plus aucune excuse du genre « Je ne savais pas ». Je suis surprise, pour le dire aimablement, par le nombre de femmes et d'hommes évolués qui ignorent tout des bases d'une alimentation souhaitable. Généralement ils ne font pas la cuisine ou si peu. Je reconnais que mon intérêt pour la cuisine et la nourriture est singulier.

Les cosmétiques sont devenus efficaces, à des prix records (dans les deux sens). La chirurgie esthétique aussi, avec, pour les plus modestes, la possibilité de payer par mensualités. Bouger, faire du sport, peut se faire sans aucun investissement : marcher, courir, faire des exercices chez soi ou à l'extérieur nécessite seulement de trouver ceux qui vous conviennent. Avec un plaisir ressenti.

Dominique, 83 ans, convient qu'« il faut être assez sérieux pour la vieillesse. Avoir un vrai goût pour la chose intellectuelle et tenir compte de ses limites. » Mais elle nage aussi et fait chaque jour 15 minutes de gymnastique.

Une hygiène de vie à faire évoluer avec le temps, pour éviter l'ennui, sur les conseils d'une amie inspirante, d'un médecin ou des media, en faisant le tri dans la cacophonie des recommandations. Croyez la non sportive que je suis, sans le moindre goût, vous le savez, pour l'effort ou de la performance : avec l'âge, je me concentre sur ce qui me fait plaisir, et juste cela.

Je me concentre sur ce qui me fait plaisir, et juste cela.

Accepter son âge ne signifie pas se laisser aller ou pire se résigner. C'est agir juste. Pour se sentir bien, le plus souvent possible.

Marie-France, une allure folle à 74 ans, confirme : « Je ne peux pas dire que je trouve le fait de vieillir si confortable, mais le côté très artistique de la famille fait que je trouve les rides plutôt jolies. Évidemment, celles des autres sont beaucoup plus jolies que les miennes ! La solution, c'est de s'habituer et de se soigner. Je n'aime pas les batailles impossibles à gagner. Par exemple, lutter contre sa peau qui n'est plus comme avant par exemple. Il faut faire des choses intelligentes : marcher, ne pas se laisser grossir, ne pas fumer... Après, il faut juste être coquette et se rendre agréable. »

On peut rester jeune dans sa tête : cultiver la curiosité, faire des rencontres, avoir des projets. C'est le cas des femmes que j'ai rencontrées.

Il faut pour cela une certaine détermination physique et mentale. Installer une hygiène de vie qui devient une seconde nature.

Le plus tôt est le mieux.

LES DÉ-RETRAITÉS DÉBARQUENT

« Mon métier et mon art, c'est vivre »

Michel de Montaigne

UNE AMIE ME PARLAIT CE MATIN DE JUDITH MAGRE, grande comédienne encore à l'affiche à 91 ans au théâtre, obligée de s'arrêter quelques jours pour cause de pneumonie, elle lui confiait : « La vie ne m'intéresse pas. Jouer, être sur scène, est la seule chose qui me tienne debout. »

Michel Bouquet, 92 ans, toujours sur scène, pour le *Tartuffe* de Molière mis en scène par Michel Fau, déclarait : « J'ai peur, je sue sang et eau... je ne m'arrêterai jamais. »

Avouez que nous avons changé de monde. Miracles de la longévité, de la mémoire et du talent.

N'ayant ni l'un ni l'autre, j'essaie de m'inventer une « seconde vie » à partir de ma nouvelle réalité, sans rupture réelle avec ce que j'ai vécu à ce jour.

Si on a travaillé dur à l'usine, la retraite est un soulagement attendu et mérité. Pour ceux, dont je suis, qui ont eu la chance de choisir leur métier et leur environnement, il en va tout autrement.

Françoise, 74 ans, femme d'affaires et de cœur, cumule plusieurs activités « N'ayant plus de fonction opérationnelle dans l'affaire créée et développée avec mon mari, je siège à la gouvernance familiale, ce qui me laisse le loisir de me consacrer à diverses activités, toutes bénévoles : l'association Force Femmes, le Comité de l'institut Montaigne, etc., et je coprésidé le Conseil de Simplification, un organisme attaché à Matignon, ce qui est pour moi un honneur et un devoir... mais si je suis devenue aujourd'hui une femme de pouvoir, comme on dit, c'est pour aider les autres ». Sa phrase préférée est de Simone de Beauvoir : « Pour désirer laisser des traces dans le monde, il faut en être solidaire. »

Difficile de parler de retraite pour cette femme qui se consacre généreusement à transmettre son expérience.

J'ai cessé mon activité principale, la presse, à 72 ans. N'ayant pas eu le sentiment de travailler mais simplement de vivre, je n'ai pas ressenti le besoin d'arrêter toute activité. Simplement moins tendue.

Après le magazine *CLES*, l'intention de JL était de tenter une expérience aussi radicale qu'insolite : vivre un moment de vacuité avant de se lancer dans quoi que ce soit, y compris un livre. « Je ne m'en sens pas capable, lui ai-je dit, je préfère garder une activité. »

J'étais assez inquiète pour lui lorsqu'il a décidé de mettre un point final au métier qu'il a exercé 60 ans avec bonheur, intuition et succès. Il a été reconnu, comme patron de presse, à un moment où la presse était LE media de référence et d'influence. Il a eu aussi quelques échecs, fort précieux pour les leçons qu'ils nous ont données. En 1994, JL cède le Groupe Expansion – premier groupe de presse économique, dans des conditions difficiles de crise publicitaire grave. Après cette rupture violente, il lui fallait retrouver confiance en lui pour se remettre en selle.

Son tempérament d'entrepreneur et son instinct de vie nous ont permis de rebondir, très vite. Il a eu l'idée d'aller au Maroc relancer un petit hebdo, *La Vie économique*, trouvé dans la corbeille de la négociation avec le groupe CEP, qui avait repris le Groupe Expansion.

Nous avons vécu 3 ans à Casablanca. JL y a été très heureux. Dans ce pays où je suis née, dont je parlais la langue mais où j'ai très peu travaillé, la liberté de la presse avait un sens relatif sous Hassan II, monarque de droit divin, et Driss Basri, son ministre de l'intérieur qui tenait le pays d'une main de fer.

Contre toute attente, y compris la nôtre, nous avons, avec une équipe de jeunes journalistes, réussi à faire de cet hebdomadaire modeste le premier news magazine marocain, des années 90. Dans un pays où nous ne connaissions ni les codes du métier, ni les hommes politiques, ni le fonctionnement du palais, ni les annonceurs. Une monarchie absolue où, jusque-là, il était entendu qu'on ne commentait pas la parole du roi. Ainsi, le premier discours royal – toujours en arabe classique, compris par 10 % des Marocains, mais suivi par tous à la télévision d'État – fut contrairement aux habituelles autocensures, commenté en français par JL dans *La Vie économique*, au grand dam de l'équipe, qui n'en menait pas large. Moi non plus, je l'avoue. On s'attendait à recevoir la foudre de Rabat – ou à tout le moins, la saisie du journal. Il n'en fut rien. Basri fut courtois et caustique.

Le succès de cet hebdo fut tel qu'il suscita une floraison de nouveaux titres et la naissance d'une presse moderne au Maroc. Mais il nous a paru sage de le vendre à son apogée pour revenir en France. JL avait 60 ans, l'âge de la retraite d'alors. Moi, 54. Nous avons racheté et relancé *Psychologies*. Une belle aventure qui a duré 10 ans.

Puis il y a eu *CLES*. Autre innovation qui a duré 5 ans. Ce n'est qu'à 78 ans, que JL a été convaincu que « la presse, c'est fini ». Du moins celle que nous savons faire : exigeante, coûteuse et sans mécène autre que nous-mêmes. L'avantage est que nous connaissons nos limites et que nous les respectons. Nous avons tiré notre révérence, non sans soulagement, cette fois. La bonne décision au bon moment.

Comme nous avons toujours privilégié notre vie privée, la fin de ce métier que nous avons tant aimé se passe sans regrets, mais non sans questions. Pour JL surtout. « Plus jamais un compte d'exploitation », dit-il. Des livres, bien sûr. JL a toujours publié magazines et livres personnels parallèlement depuis les années 1970. Son premier livre, *Le Pouvoir d'informer*, a été suivi d'une quinzaine d'ouvrages. Mais cette activité est solitaire, et il est conscient que la menace dans cette phase de vie est l'isolement. Sauf à faire des livres qui nécessitent une enquête. Ce qu'il a fait, en alternance avec des livres plus personnels à dimension philosophique, qui ont désormais sa préférence. En fait de « vacuité », il a sorti un livre chaque année, et il poursuit à ce rythme. Même à 80 ans, on ne se refait pas. Surtout à 80 ans.

À la différence de JL, je ne suis pas entrepreneur. Ce n'est ni dans ma culture, ni dans mon tempérament. Comme lui, je me suis pleinement investie dans ma vie professionnelle. J'ai aimé la presse, les marques, travailler en équipe, travailler avec JL, rencontrer des gens de tous âges et à tous niveaux de responsabilité et par-dessus tout jouer à innover.

L'autre différence avec JL est ma culture orientale. *Inch'Allah !* Littéralement : « Dieu y pourvoira ». Je « crois » au destin ou à la *serendipity*. Deux façons de dire la même chose, selon que l'on est né à Fès ou à San Francisco : on trouve ce qu'on ne cherche pas. J'accueille ce qui vient et qui m'amuse. Grâce à quoi je me suis bien amusée à travailler avec des filles jeunes, talentueuses et qui ont la culture de l'époque. Merci aux sœurs Pechiodat, Fany et Amandine, créatrices de Mylittleparis.

En revanche, comme JL, je n'ai ni regrets, ni remords, ni tristesse d'avoir arrêté la presse. Les gens avec lesquels j'ai travaillé sont devenus pour beaucoup des amis, et le lien n'est pas rompu. Comme pour lui le succès d'une vie contribue dans l'harmonie durable de notre couple et de nos deux familles. Un métier créatif qui ne connaît pas de retraite.

La retraite – qui dit bien fin de la vie professionnelle – ne dit plus fin de la vie active.

Encore un bénéfice de l'âge : je ne suis pas certaine que nous eussions vécu si sereinement la fin de notre activité d'éditeur à l'âge de 50 ans. Ni même à 60 ans.

La retraite – qui dit bien fin de la vie professionnelle – ne dit plus fin de la vie active. La gamme est immense : du jardin à l'écriture, sans oublier ceux, plus souvent celles, très nombreux et dans l'ombre, qui travaillent bénévolement au sein des associations, tissant inlassablement le tissu social.

Yvonne, notre doyenne de 94 ans, confirme : « J'ai fait du bénévolat de 55 à plus de 70 ans. Je me suis occupée d'enfants en situation de handicap, trisomiques surtout, et de leurs parents. »

Il y a 10 ans, JL a ouvert et présidé le bureau à Paris, d'une importante ONGI de défense des droits humains, Human Rights Watch. Je l'ai accompagné dans cette tâche. Je découvrais le bénévolat qui m'a permis de rencontrer des personnes de grand talent dont l'énergie investie est admirable. Mais venant du privé, l'adaptation est difficile : les règles de fonctionnement sont très strictes, ce qui assure une indépendance et une crédibilité sans faille, mais agir dans ce cadre demande une réelle adaptation. Belle leçon d'humilité.

Où l'on en vient à questionner la notion même de « retraite ». Ne serait-il pas temps, là encore, de changer de logiciel ? Les sociologues observent que les sexagénaires et septuagénaires sont de plus en plus nombreux à vouloir reprendre du service. Pour mettre leur expérience, leur réseau, leurs passions à profit auprès de qui pourrait en avoir besoin. Les Anglo-Saxons les nomment les *unretired.* À en croire la *Harvard Business Review* ou le *Financial Times* ces dé-retraités arrivent en rafale. Aux États-Unis, « les vieux représentent la catégorie de population qui augmente le plus rapidement parmi les travailleurs américains », affirme l'économiste Kathleen Mullen. En Grande-Bretagne, d'après une étude 2017 de l'université de Stockholm, 25 % des retraités ont repris un travail. Taux comparables en France, selon une étude 2017 du ministère des Solidarités et de la Santé. Et le cumul emploi-retraite connaît un succès croissant.

Dé-retraité ou pas, il y a surtout cet apprentissage : habiter le temps qui reste. Préoccupation majeure de JL. Pas du tout la mienne. Je ne peux vivre qu'une journée à la fois, celle qui se lève. Raison pour laquelle je suis « une femme de l'aube et du petit matin », selon l'expression de Pierre Michon.

Se renouveler chaque jour. Chaque année.

Comme les plantes vivaces, dont le nom anglais, *perennial*, a inspiré à la journaliste américaine Gina Pell une bien jolie expression pour qualifier les personnes curieuses, créatives, entreprenantes à tout âge : les *Perennials*. Rafraîchissant clin d'œil aux *Millennials*, jeunes pousses du 21ᵉ siècle.

DES RENONCEMENTS SI LIBÉRATEURS

« 80 ans ! Plus d'yeux, plus d'oreilles, plus de dents, plus de jambes, plus de souffle ! Et c'est étonnant, somme toute, comme on arrive à s'en passer ! »

Paul Claudel

VOUS SOUVENEZ-VOUS DE TOUS LES RENONCEMENTS que vous avez dû faire pour quitter la douceur du placenta de votre mère ? Puis pour quitter son sein ? Puis tout ce que vous avez dû abandonner pour devenir adulte ?

Si, comme moi, vous avez tout oublié – consciemment du moins –, vous devriez devenir une septuagénaire nouvelle génération. Vous ne vous sentirez pas vieillir. Vous ne serez pas même répertoriée par l'Insee comme « personne âgée ». Il vous faudra attendre 80 ans pour le mériter. En revanche, les impôts seront allégés, sous certaines conditions, dès 65 ans. Vous voyez que tout n'est pas négatif ! Et la carte senior ? Lorsqu'on prend souvent le train comme moi, même si on n'aime pas le nom, on apprécie.

Nul ne nie que l'âge comporte de nombreuses pertes : santé souvent, êtres aimés toujours, un statut parfois, une certaine sécurité financière, – sans parler de la mémoire (j'en témoignerai plus loin) qui – je cède à la facilité – n'est plus qu'un lointain souvenir.

On peut choisir de dire avec Simone de Beauvoir : « La vieillesse est la parodie de la vie. » Elle avait 62 ans.

Mais il existe une autre manière de vivre les choses : en prendre acte. Et poursuivre sa route avec cette nouvelle co-équipière, que vous regarderez avec curiosité puis avec bienveillance.

Je n'ai pas peur de vieillir, au contraire. Je vais au-devant de la vieillesse. Je l'accueille, comme une personne dont je sais que j'en ferai une amie. Et ça me réjouit, moi qui suis une intranquille. Bizarre mais vrai.

L'âge me rendrait-il téméraire ? Ne rêvons pas. Plus libre, oui. Chaque jour, j'observe que je cède à des renoncements libérateurs. Oxymore ? Pour moi, un pléonasme. Un renoncement accepté est toujours libérateur. Je radote encore ? C'est de mon âge.

J'ai accepté de ne plus être ce que j'ai été.

En l'occurrence, j'ai accepté de ne plus être ce que j'ai été. Physiquement c'est un fait. Mais je me tiens encore, et le regard de JL n'a guère changé. Celui de mes amis pas davantage. Du moins c'est ainsi que je le perçois. Et qu'importe si je me raconte des histoires.

Vivre c'est accepter de renoncer. Apprendre à choisir, si vous préférez ce verbe. Vieillir aussi. Sauf que vieillir n'est pas un choix. La *façon* de vieillir, physique et mentale, si.

Généralement j'ai du mal choisir. Je suis plutôt le style cumularde. Mais mon instinct de vie, à l'heure des choix importants me dit « Écoute ta petite voix et vas-y ! »

En rencontrant JL, j'ai renoncé à mon célibat que j'aimais tant, à 43 ans et je l'ai épousé 6 mois après. La décision, nous l'avions prise quelques semaines après notre rencontre.

Seuls les enfants veulent tout et nous le sommes toujours un peu.

« Des tas de choses pour lesquelles on se forçait un peu disparaissent. Nos forces sont moins grandes, il faut les consacrer à ce qui compte : les gens qu'on aime et le travail », me dit Dominique, auteur du très beau livre Aimer et travailler.

Ione, 79 ans, ajoute : « Avec l'âge, on n'a vraiment plus envie d'aller danser, par exemple. C'est assez bien fait quand même : on regarde les autres danser ! »

Je le confirme, moi qui ai usé les pistes de danse des boîtes de nuit de Casablanca en dansant le

Vivre c'est accepter de renoncer.

rock. J'ai rangé mes ballerines depuis 40 ans. Je dois vous confier que je n'ai pas épousé un danseur.

Ou encore, ajoute Ione, « Il y a des vêtements que je n'ai plus envie de porter. Des robes au-dessus du genou par exemple. Un souci esthétique et une affaire de classe. Mes genoux sont moins beaux qu'à 30 ans ! »

Je me surprends à renoncer à tant d'activités, relations, obligations, qui avaient leur place, mais qui, soudain, m'encombrent. J'aime tant cette sensation de légèreté. Merci à la liberté que confère la vieillesse. Libre de dire non. De dire oui aussi.

Renoncer n'est pas réservé à la vieillesse.

Jeune, j'ai dû renoncer à plein de choses, du fait de l'âge. Aller danser pouvait se faire en cachette, mais d'autres envies enseignaient la patience. Comme toute adolescente, j'ai rêvé de porter un soutien-gorge, des talons, des bas nylon et des porte-jarretelles, avant d'obtenir l'autorisation de le faire. Soyons honnête, avant qu'il ne soit nécessaire de le faire.

J'ai conscience qu'en parlant « d'autorisation » pour porter un soutien-gorge, bon nombre d'entre vous ne comprennent même pas de quoi il retourne. Quelque soit le développement de la poitrine, fut-il débordant, ma mère considérait qu'il fallait avoir 18 ans révolus (16 après négociation) et non 14, pour porter un soutien-gorge. Oui mesdames, nous venons de loin. Moi particulièrement. Grâce à quoi, quelques années après, j'ai « renoncé » à en porter. Preuve que la notion de liberté demande à être précisée dans son contexte géographique – je viens du Maroc – et historique – nous étions en 1955. Quiconque n'a pas subi le calvaire du porte-jarretelles en satin (non élastique), ignore tout de la libération des femmes. Je demande à mes jeunes amies trentenaires et quadras, ainsi qu'à la talentueuse Rebecca Amsellem, créatrice de la newsletter féministe *Les Glorieuses*, de faire un effort d'imagination pour me croire. Chacune sait combien le corps contraint est symbolique de la soumission des femmes. Cette lingerie, dont la réputation érotique m'a toujours échappé, fut pour moi un instrument de torture, me sciant les hanches trop rondes, refusant de rester en place après quelques pas. Et comble de la vulgarité, la couture des bas se retrouvait sur le côté de la jambe. Une à l'intérieur, l'autre à l'extérieur. Vous comprendrez ma fascination pour les stars hollywoodiennes de l'époque, Rita Hayworth pour ne citer qu'elle, leur beauté bien sûr, mais surtout la couture des bas parfaitement droite, dessinant une jambe sublime, y compris après sa danse endiablée dans *Gilda*.

Enfin, le collant vint, sans couture et en nylon. Étape décisive pour libérer le corps des femmes. « Ta-Ta, Ta-Ta, Ta-Taaa… » : celle qui ne reconnaît pas ce refrain n'était pas en âge d'aller au cinéma en 1970.

Et comme souvent femme varie, j'ai abandonné le collant avec soulagement, en renonçant à découvrir mes genoux, comme Ione. Le pantalon est pour moi la vraie libération de la femme. Vous trouvez ça confortable, vous, un collant sous un pantalon ?

Aujourd'hui, j'ai acquis cette liberté qui, comme son nom l'indique, refuse la contrainte, celle du corps comme de l'esprit. Je ne négocie plus avec le confort, synonyme pour moi de liberté de mouvements, d'aisance et donc d'allure. La mode, ou ce qui en tient lieu, nous aide à emprunter cette voie.

Je n'échappe pas à certaines obligations, bien sûr. Lorsqu'on vit en couple, il est plus difficile de s'y soustraire. Je ne compte plus le nombre de films auxquels je renonce parce qu'ils durent plus de 1 h 45.

Les renoncements non acceptés, imposés par mes parents ou les convenances, auxquels je me suis soumise, la rage au cœur, furent douloureux. Pas ceux que j'ai choisis et acceptés, dictés par mon âge, mon corps lui-même, mon mental, ou mon choix de vivre avec JL.

Enfin, s'il est un renoncement que je n'ai pas eu à faire, c'est celui de laisser une trace (une œuvre quelconque) – si ce n'est dans les cœurs de quelques personnes qui en auront eu le désir. Ce besoin est cependant, très partagé, vous le ressentez ou l'observez peut-être. Un psychanalyste m'en avait donné la traduction suivante : « Vouloir laisser une trace est un moyen constructif de composer avec la douleur que nous cause la perte de nous-même. » Je traduis, refuser de mourir vraiment, se consoler de devoir mourir. L'important est que cet objectif aide à vivre. Il devient alors un bien beau projet. Entre l'attitude qui fait du vieillissement un ennemi et celle qui en fait un maître, j'ai fait mon choix et je m'en félicite chaque jour.

Nous avons tous tort face au réel, mais nous pouvons l'habiller avec style et humour. Et garder notre énergie pour vivre ce choix, si illusoire soit-il.

Pour rester vivant, reste en lien

« Le plus beau métier d'homme est le métier d'unir les hommes »

Antoine de Saint-Exupéry

LE LIEN, CELUI QUE L'ON TISSE INLASSABLEMENT, qui nous relie à autrui, et qui dit que nous sommes vivants. Chez moi, cette obsession s'aggrave avec l'âge. Non sans raison, car au nombre des menaces réelles causées par le vieillissement, il y a certes la maladie, la solitude mais aussi l'isolement. David Servan-Schreiber, qui fut neuropsychiatre à l'hôpital de Pittsburgh, était en charge des malades atteints de dépression. Maladie dont il disait qu'elle était trop souvent résistante à tout traitement. Il avait pour habitude de leur poser la question suivante : « Avez-vous l'occasion de vous occuper de quelqu'un d'autre ? Ou d'un animal ? » Il a observé que ceux qui le faisaient avaient plus de chances de guérir. Bien des études l'ont prouvé ensuite.

Touché ou épargné par la dépression, le meilleur moyen de se sentir vivant est de s'occuper des autres.

Que serions-nous sans les autres ? Nous leur devons d'être là mais surtout aussi d'être qui nous sommes. Au moins autant qu'à nos gènes. « Les autres » sont nombreux ; ils prospèrent ou disparaissent avec le temps : parents, fratrie, famille, professeurs, amis, rencontres profession-nelles… livres, films, lieux, odeurs, lumières, et saveurs aussi.

Malgré cela, lorsqu'on cesse d'exercer son métier, s'engager dans une ou plusieurs activités, fussent-elles bénévoles, ou un hobby, reste une ressource irremplaçable pour éviter l'isolement. Bien plus, pour rester nous-même et ne pas être défini seulement par notre âge.

Écrire, par exemple, est une activité apparem-ment solitaire. Mais cet exercice privilégié qui s'accompagne d'un doute récurrent me met en lien de plusieurs manières. J'agite mes quelques neurones actifs. In-dis-pen-sa-ble, surtout à mon âge. Je rencontre aussi, grâce à la lecture, d'autres auteurs ou écrivains ayant écrit sur le même sujet. Ou, comme je viens de le faire, levant la tête vers la bibliothèque, à droite de mon bureau, pour chercher un ouvrage, mon regard en croise un autre, ma main se tend et 30 minutes après, j'y suis encore. Cette errance est exquise et souvent utile. Merci la *serendipity*, ce miracle qui nous permet de trouver ce qu'on ne cherche pas.

Que j'écrive ou que je cuisine, je suis en état de flux. Je perds la notion du temps, de l'heure. L'appétit aussi, oh joie ! Je suis non seulement coupée des autres, mais en quelque sorte de moi-même. De mon moi social. Le moi « intime » est en piste, créatif dans les bons jours, sollicitant, à mon insu, textes ou instants de vie enfouis depuis toujours. Chimie surprenante que l'écriture, dont je découvre avec étonnement le résultat à la relecture, parfois confus, souvent insatisfaisant, de rares fois encourageant. Je constate que je me relie à des zones de moi-même que je ne soupçonnais pas. Pour les romanciers, qui ont mon admiration, cette sensation doit être exacerbée.

Cultiver le lien social, quand l'activité principale se termine du fait de l'âge, ne va plus de soi. Il faut le tisser à nouveau avec d'autres. Cette dynamique n'a de chances d'advenir qu'en étant au mieux de son énergie. Prendre soin de soi trouve alors un nouveau sens : se réinventer pour rester dans le mouvement de la vie.

Être à son mieux – style et forme – favorise l'élan pour faire de nouvelles rencontres, aller

Se réinventer pour rester dans le mouvement de la vie.

vers les autres et être accueillie. Voire sollicitée pour le plaisir de la transmission.

Se frotter à de plus jeunes que soi – aimer la jeunesse des autres, je vous en reparlerai – ouvre l'esprit sur d'autres modes de vie et de pensée. Développe curiosité et tolérance. Donne l'énergie nécessaire pour vivre pleinement, pour mieux nous occuper des personnes proches, souffrantes ou isolées qui ont besoin de nous.

Pour ma part, je garde des activités multiples avec des groupes humains divers. Une grande chance dont je profite en conscience. Mais j'ai besoin, depuis 30 ans que je vis en couple – de m'offrir des ruptures solitaires. Des pauses de quelques jours, pour me recharger en énergie que j'appellerai spirituelle. Pour « retrouver mon âme ».

Ces moments précieux sont soit un temps de silence en communauté, soit un temps de jeûne en clinique, soit un temps au bord de la mer, à l'hôtel, pour être soulagée de toute intendance, marcher, nager, lire et contempler. Mais d'abord un moment de solitude.

Autre moment vivifiant, quelques jours au bord de la mer avec ma tante Fortunée, 86 ans, et une de ses filles, ma cousine Betty, 62 ans. L'une m'a appris la joie par contagion, depuis mon enfance, l'autre la pratique au quotidien, envers et contre tout.

Se libérer
de l'idée de jeunesse

*« On peut aussi essayer de croire qu'on
est jeune tant qu'on se sent jeune, mais
ce slogan absurde ne fait que présumer
la question résolue »*

Judith Viorst

Se libérer de l'idée de jeunesse n'a probablement
jamais traversé l'esprit de ma grand-mère. Le mien
non plus. Elle a été jeune et belle puis vieille et
belle et puis moins belle et puis c'est tout. Elle a
fait face au vieillissement, à l'usure et à la maladie,
avant de nous quitter.
Une vieille personne n'était alors ni cachée, ni considérée comme inutile. Il était admis que le corps se
dégrade, mais on reconnaissait qu'on pensait souvent mieux à 90 ans qu'à 30 ans. Pas toujours vrai
– les Edgar Morin, 97 ans, ou les Louise Bourgeois,
artiste inspirée jusqu'à sa mort à 98 ans, restent rares.

Loin de moi l'idée du « c'était mieux avant ». Mais de nos jours, le mot « jeune » est devenu un obstacle à l'épanouissement des personnes qui ne le sont plus. Preuve par les magazines féminins – je lis *ELLE* depuis 50 ans, et leurs balbutiements contradictoires entre lutte pour la jeunesse et dénonciation récente du jeunisme – qui livrent quelques portraits de femmes superbes à 60 ans, souvent les mêmes. Ou l'éditorial remarquable de Dorothée Werner sur les femmes de plus de 50 ans devenues invisibles au cinéma. À quelques belles exceptions. Ne décourageons pas les journalistes de nos magazines préférés dans cette voie. La réalité qui s'impose à tous ne leur échappe guère. J'ai en revanche beaucoup parlé âge avec ma mère. À 80 ans [*sic*], elle était désespérée de ses rides, de voir qu'elle ne se tenait plus très droite, que son regard avait changé. De fait. Elle me disait souvent : « Je ne me reconnais plus. » Comment vieillir aujourd'hui ? Le modèle actuel de celui ou de celle qui réussit et donne envie, on l'a vu, est jeune. Ses valeurs ? La performance, la visibilité, l'argent, les millions de *followers* sur Facebook ou de *likes* sur Instagram.

Premièrement, des vieux peuvent remplir ces conditions : Iris Apfel, pour ne citer qu'elle. Cette Américaine de plus de 97 ans, décoratrice des happy few new-yorkais, « Geriatric starlet » avec ses grosses lunettes rondes et une accumulation de bijoux colorés, a été en 2016 l'égérie style de l'enseigne parisienne *Le Bon Marché*. Solaire. « Elle est trop », comme disent les jeunes. Ou Joan Didion, son contraire, petite, discrète et mélancolique, pour moi la plus grande écrivaine américaine vivante, muse de la maison Céline en 2015. Et Jean-Paul Gautier, toujours en avance, faisait défiler sur les podiums des têtes blanches il y a 30 ans déjà. Sans oublier la grande dame, si petite, Agnès Varda qui a fait un travail remarquable avec le jeune photographe JR, qui a la moitié de son âge.

Secondement, les marqueurs de la jeunesse que sont l'enthousiasme, la construction de projets, la curiosité, le goût pour le divertissement débordent largement le cadre de la jeunesse : ce sont les marqueurs de la Vie. J'atteste, avec d'autres, que ces valeurs ne sont pas seulement le fait d'un âge donné !

La fraîcheur, une certaine insouciance, une vie à construire, une revendication du « tout m'est dû » sont certes propres à la jeunesse. Le philosophe Gilles Lipovetsky le disait déjà il y a 25 ans en parlant de la génération « Tout, tout de suite ». Depuis, le numérique a aggravé l'impatience, mêlée d'incertitude. Cet aspect qui caractérise nos jeunes peut être agaçant parfois, ou touchant à observer et à accompagner. Vouloir le maintenir tout au long de la vie serait refuser d'entrer dans le monde adulte, fermer la porte à de nouvelles expériences.

Mon souhait ? Voir de plus en plus de femmes faire confiance à leur âge et à ses beautés pour l'accueillir avec justesse. Pour agir et trouver la meilleure hygiène de vie afin d'avancer au mieux dans l'âge – cette « écologie personnelle », corps et âme, dont je vous ai parlé. Pour ce chemin, mieux vaut tenter de glisser au fond de son sac, la confiance en la vie. Une aventure que j'associerais volontiers au récit que certains amis m'ont fait du chemin de Compostelle. La meilleure préparation ? Le faire.

Pour ce chemin, mieux vaut tenter de glisser au fond de son sac, la confiance en la vie.

L'âge produit une énergie différente de celle de la jeunesse. Elle reste un moteur pour entreprendre. Son nom est désir.

La liberté que nous avons acquise, et qu'il faut défendre encore et toujours, n'est pas toujours aisée à vivre : nous devons tout choisir. Y compris comment vieillir, comment mourir, et même comment être enterré !

Avant, j'en ai le net souvenir, le médecin décidait des prescriptions, rédigeait l'ordonnance. On ne discutait pas, c'était lui qui savait et lui seul. Il en savait moins que les médecins d'aujourd'hui mais nous étions moins nombreux, et il savait surtout prendre son temps. Aujourd'hui, chacun peut aller consulter gratuitement Internet pour obtenir les informations (les plus contradictoires) sur toute pathologie, et en sortir savant – mais perplexe. Ainsi pèse sur chacun de nous cette responsabilité, compagne inséparable de la liberté.

Au moment de la ménopause, par exemple, il appartient aux femmes qui veulent préserver leur énergie, de s'informer et de choisir, suivies par un gynécologue, si elles veulent prendre ou non le Traitement Hormonal Substitutif dont je vous ai déjà parlé. Je rappelle qu'une littérature scientifique, américaine surtout, établit un lien entre THS et cancer du sein – mais la molécule utilisée aux États-Unis est différente de celle qui est autorisée en France. Combien de femmes le savent ? De plus, ceux-là mêmes qui ont produit cette panique en 2000 aux États-Unis s'en sont excusés depuis, déclarant que leur échantillon était biaisé.

Pour ma part, je rends grâce à ce traitement et au médecin qui m'a suivie tout au long de ces années. Préservation intacte de mon énergie, de mon moral, de ma peau... J'ai vécu ce passage délicat dans la vie de toute femme comme une libération.

Nous connaissons tous des personnes qui ne veulent pas quitter l'enfance. D'autres, l'adolescence, et d'autres l'idée qu'elles se font de la jeunesse. Paul Nizan qui est mort à 35 ans, a écrit : « J'avais 20 ans. Je ne laisserai personne dire que c'est le plus bel âge de la vie. » Personnellement, je n'ai pas du tout envie de retrouver mes 20 ans. Un âge compliqué pour moi.

Vouloir rester jeune pour rester jeune enferme dans une illusion jamais atteinte, toujours éphémère. Vivre un corps imaginaire ou poursuivre un projet de jeunesse éternelle mène à la même impasse, à la même souffrance.

« J'avais une grand-mère en vie et deux tantes paternelles, qui étaient toutes de très jolies femmes », raconte Marie-France, la séduction même, à 74 ans. *« Mes sœurs et moi les trouvions superbes. Moi, je regardais les mains de ma grand-mère et je disais : "C'est tellement joli tes tâches sur tes mains !" Elle me disait : "Tu trouves ?". »*

Oui. Se libérer de l'idée de jeunesse et accepter de vieillir dépendent aussi de l'enfance, et des exemples de vieilles dames qui nous ont entourées, de la relation que nous avions avec elles. Ainsi peut-on aller vers l'idée de beautés de l'âge, un nouveau rendez-vous avec soi.

Lifter son moral

*« Voir que l'on va vieillir et vouloir
commencer »*

Jacques Brel

C'est d'abord le corps qui dit l'âge.
Qu'est-ce qui change réellement ? Qu'est-ce qui
pèse sur le quotidien ? Que voit-on, que ressent-on
– si on a la grâce de ne pas être privée de son
autonomie ? Autant de réponses que d'individus.
Oui bien sûr les rides. Est-ce le plus important ?
Tout bouge, se creuse ou s'épaissit lentement
ou par paliers. Mais lorsque les expressions du
visage se transforment, un matin, on se dit (ou
pas) : « Ce n'est plus possible ce rictus au coin
des lèvres, ce n'est plus moi ».
Des solutions existent. On les choisit ou non.
De manière radicale, plus douce et en fonction
de ses moyens.
Je suis dans le camp des radicales : j'ai un
problème ; je peux le résoudre ; je choisis le

geste qui me convient ; je compte mes sous et j'avance.

C'est quoi un problème ? Pour moi, un changement physique est celui qui ne dit plus la personne que je suis « en vrai ». Il atteint donc mon moral, atténue ma joie de vivre et bloque mon intuition. À 30 ans, je ne me sentais pas bien dans ma peau, j'ai fait une psychanalyse.

À 50 ans, j'avais souvent mauvaise mine, l'air triste et, du coup, moins envie d'entreprendre, d'aller vers les autres. Moins de créativité aussi. Je me suis informée pour trouver une solution. Une histoire de famille, de gènes. Ma mère, ma grand-mère se sont ridées très tôt. Or les rides, c'est comme les champignons, il en est de délicieux et ceux qui tuent ou empoisonnent. Je garde le souvenir de ce que nous appelions, nous les petits enfants, « la grimace » de ma grand-mère. De part et d'autre du nez, descendant vers les lèvres, des sillons que la colère creusait davantage. Il n'était pas rare que nous le lui disions, car on en souffrait. Elle avait un si beau sourire, lorsqu'elle voulait. Mais si quelque chose lui déplaisait, sans un mot, et sans s'en rendre compte, cette grimace s'inscrivait sur son visage et nous menaçait.

Ça a été mon tour : des rictus de tristesse commençaient à marquer mon visage, et entamaient mon humeur.

Par tempérament, je n'ai pas l'obsession permanente de mon apparence. Le miroir a pour
moi, une fonction utilitaire limitée aux bros-
sages de dents, maquillage, coiffure et parfois
silhouette, une fois habillée. En revanche, j'ai
le souci quotidien de mon énergie, celle qui
donne envie d'aller de l'avant, de dire oui à ce
qui se présente.

J'ai la chance de partager la vie d'un homme avec
qui je peux avoir ce dialogue : il m'a suggéré
de prendre l'avis d'un chirurgien esthétique et
a proposé de m'accompagner si je le souhaitais.
Je n'y avais jamais pensé. L'hypothèse du vieillissement ne m'avait pas effleuré l'esprit.

J'ai fait mon premier lifting à 50 ans. Non
pour rester jeune, ce que j'étais encore. Mais pour
rester moi-même, souriante même lorsque je
ne souris pas, mes yeux le disent. Un trait de
famille.

J'ai eu tout de même 3 ou 4 moments d'hésitation, car c'est une opération lourde avec une
convalescence longue, même si les lunettes
solaires permettent de reprendre une vie active
au bout de 15 jours.

Mais je voulais la paix pour au moins 10 ans.
Ce fut le bon moment et le bon choix. Bonne
mine, pour 20 ans ou presque.

À 70 ans, j'en ai fait un autre, en sachant que
c'était le dernier, toujours pour rester fidèle à ce

que je suis : une vieille joyeuse. Les mauvaises rides, à la même place, et plus profondes, me rappelaient une fois encore « la grimace » de ma grand-mère en colère. J'ai dit stop ! On ne joue pas avec son moral à cet âge.

Faire un lifting raisonnable, réaliste dans ses attentes, avec un chirurgien compétent à qui l'on précise son but, dans un lien de confiance sont des précautions indispensables. Il importe de rassurer le praticien « Je ne vous en voudrai pas si vos retouches sont trop discrètes. Ne touchez pas à mes rides du sourire, autour des yeux. J'y tiens. Ne me gonflez pas mes lèvres qui me conviennent telles quelles ».

Je ne voulais pas rajeunir. Celles qui le croient possible s'exposent à être déçues, avec le risque de déformations regrettables – nous en connaissons toutes. Je voulais me sentir au mieux de ce que je suis vraiment. Il importe d'avoir une certaine intelligence de l'âge et d'être honnête avec soi-même. Entre une belle image et une vraie personne, il y a un monde.

Chacun sait qu'un lifting réussi ne se détecte pas. Je m'entendais dire « tu as bonne mine » ou « tu es sereine » ou « ça te réussit de trop travailler » etc....Remarques fort agréables auxquelles je répondais, selon les interlocutrices, par Merci ou « un lifting et youpi ! » j'ajoutais toujours, ce n'est pas une partie de plaisir.

Il importe d'avoir une certaine intelligence de l'âge et d'être honnête avec soi-même.

Lorsqu'on me dit « Tu ne fais pas ton âge », on ne parle pas de mes rides. Mais de mon énergie ou de ma bonne humeur, ou de ma curiosité. De mon âge ressenti et donc perçu.

S'engager dans un lifting « pour rester jeune » est une impasse. Autant prendre un abonnement. Encore que l'élasticité de la peau ait ses limites. « Des femmes reviennent me voir six mois après », me confie un maître du bistouri. Sans parler des milliénales, qui demandent qu'on leur efface la « ride » sur le front ou entre les sourcils. Tout existe.

« D'autres ont peur de perdre leur mari ou compagnon » poursuit ce chirurgien. Ceux qui ont un peu de conscience et du métier poussent l'entretien préliminaire, pour mieux comprendre et évaluer le réalisme de la demande. Certains refusent alors d'intervenir. D'autres moins scrupuleux acceptent. Si, comme je l'ai vécu, mon diagnostic est bien posé « ces marques du temps me donnent un air triste dans lequel je ne me reconnais pas. Il peut influencer négativement ma relation aux autres, de mon fait ». Le geste chirurgical existe et le résultat satisfaisant.

D'autres moyens moins violents que le lifting sont possibles – les magazines féminins s'en font l'écho chaque année. Plus réguliers, moins invasifs, moins douloureux, mais pas forcément moins coûteux à la longue. À chacune le sien.

Au Brésil la beauté est considérée comme un droit humain. D'où les demandes nombreuses et à tout âge. Les chirurgiens ne chôment pas. L'image de soi est complexe, intime, paradoxale. Force est de la réévaluer au gré des années.

J'ai nécessairement une image de moi-même, à un moment donné de mon existence, construite à partir de critères – sociaux, personnels et imaginaires. Les autres ne me perçoivent ni ne me voient de la même façon, la célébrité, ne fût-ce qu'un quart d'heure, pour citer Andy Warhol, est revendiquée par le plus grand nombre. Les selfies tombent en rafale. Des centaines de millions d'images sont échangées sur les réseaux sociaux. Si seulement ce gavage d'images, nous rapprochait du réel. C'est l'inverse. Plus la technique se développe, plus le réel nous échappe. D'où le projet « d'aller chercher l'âme des choses avec sincérité ».

« Aller chercher l'âme des choses avec sincérité »

Quoi qu'il en soit, on ne saurait résumer le vieillissement aux rides. Les atténuer provisoirement n'arrête guère les pertes successives. La vieillesse avance à son rythme. Il importe de prendre les précautions que vous connaissez, pour la vivre au mieux : prévention, bouger plus et manger moins, rester actif dormir, rire, aimer. Ne pas s'illusionner sur la réparation d'un lifting. Le mien m'a redonné un peu de fraîcheur, ce que je souhaitais, mais il a surtout musclé mon mental.

Un geste chirurgical, qui comporte toujours un risque esthétique et vital, n'a de raison d'être que s'il permet d'accueillir la vieillesse, longue désormais, le plus agréablement possible. Non de la refuser. N'est-elle pas inévitable, sauf si on meurt. Cette « vieillesse inattendue », disait Trotsky.

Comme on se fait belle avant un rendez-vous d'amour : se faire belle pour vieillir optimise les chances que ça se passe bien.

Sans l'acceptation de la vieillesse, sans le lâcher-prise pour prendre ce qu'elle nous offre, l'aventure est plus pénible.

Aucun lifting ne nous en dispensera.

ELLE demanda à Françoise Fabian, 84 ans, toujours belle « En tant qu'actrice, cela a été dur de vieillir ? » « C'est dur pour toutes les femmes, répond-elle Les actrices ont tort de ne pas vouloir vieillir et de s'abimer le visage. Un ami a dîné avec une comédienne, elle lui a dit qu'elle ne tournait plus et qu'elle ne comprenait pas pourquoi. Il lui a répondu : "Mais tu es tellement refaite que tu en es méconnaissable". Elle s'est évanouie »

Sans l'acceptation de la vieillesse, sans le lâcher-prise pour prendre ce qu'elle nous offre, l'aventure est plus pénible.

GESTES DE BEAUTÉ, SOINS DE L'ÂME

« Et pendant un long jour assise à son miroir
Elle peignait ses cheveux d'or. Je croyais voir
Ses patientes mains calmer un incendie »

Louis Aragon, *Elsa au miroir*

VOUS AUREZ CERTAINEMENT CROISÉ LE MOT « ROUTINE », qui circule depuis un moment dans le monde des cosmétiques et des magazines féminins. J'avoue qu'il m'écorche le tympan.

Une routine est un automatisme vide de toute pensée, présence ou émotion. Ses bénéfices, s'ils existent, sont limités.

Un rituel, au contraire, se pratique en conscience, avec inspiration et en prenant le temps nécessaire, fût-ce 2 minutes, pour l'accomplir et ressentir le bien qu'il procure. Le rituel vient du religieux : il est requis d'être concentré, dans la prière, l'écoute.

J'investis d'une valeur spirituelle toute pratique quotidienne qui relie à soi ou aux autres – du verbe *religere* en latin. La cuisine comme les soins du corps et du visage en font partie. L'amour aussi et l'amitié. Le fondateur de Shiseido, Arinobu Fukuhara, disparu aujourd'hui, disait : « Les produits cosmétiques ont une âme. » Il n'avait pas tort, quand on connaît la culture japonaise de la beauté.

Je ne me soigne pas pour être belle, selon les canons du moment, mais « en beauté », au mieux et fidèle à moi-même, dans mon énergie, ma joie de vivre et mon âge. Une sensation, plus qu'un regard.

Mes gestes quotidiens sont simples et j'y prends plaisir.

J'utilise un produit non pour son efficacité – moins de rides, plus de lumière ou que sais-je – mais pour l'éveil des sens qu'il me procure Ainsi, j'ai un lait et une lotion pour le visage depuis 25 ans, que je ne changerai pour rien au monde : leur parfum est pour moi l'odeur du paradis. Leur texture, une caresse.

Cette sensation, ce parfum qui m'aspire vers le haut, touche à l'âme. Le contraire d'une routine, François Cheng, académicien, nous en donne une définition : « L'âme, cette part en nous qu'un robot ne pourra pas remplacer. Elle est le terreau du désir et de la mémoire. »

J'ai appris à appliquer ces produits avec les bons gestes, grâce à une épidermologue. À la fin de la séance de soins, qui devrait être bimestrielle, elle pose ses deux mains sur mon visage, et les maintient ainsi quelques secondes. Une pression apaisante et énergisante à la fois.

Cela m'évoque-t-il les gestes de bénédiction de mon grand-père, qui posait sa main si bonne sur ma tête alors que j'étais toute petite ? Peut-être. JL a cette main aussi, qui se pose en pleine conscience, apaise, diffuse de la tendresse et protège. Posez ainsi, les mains sur mon visage, à la fin de mon soin quotidien, est signe de remerciements. Merci de contribuer, chaque jour à offrir le meilleur de moi-même aux autres. Le bénéfice se mesure instantanément : une sensation de bien-être qui me donne l'élan d'aller vers les autres, au long d'une journée.

Oui, il y a du sacré à prendre soin de soi. C'est vrai dans toutes les grandes traditions. Au Maroc où le rituel du hammam hebdomadaire durait de longues heures, où le temps de repos était précieux. Une sorte d'hommage à soi. Une promesse de beauté, profondément ressentie donc visible.

Je suis dans les mêmes dispositions pour le maquillage, lorsque j'y ai recours. Je ne me suis jamais maquillée vraiment, sauf à l'âge de 18-20 ans, lorsque je découvrais ces gestes. Ah, l'eye-liner et le bloc de rimmel noir dans lequel on crachait avant d'y frotter la petite brosse, et qui me faisait le regard de Betty Boop ! Ajoutez à cela les cheveux crêpés en choucroute, la robe en vichy abat-jour façon mariage de Brigitte Bardot avec Sacha Distel, les ballerines « rock'n'roll », et le tableau était complet.

Mais depuis, j'ai cessé de me maquiller. Pourquoi ? Mystère. Ou tout simplement, je n'en ressentais pas la nécessité. Peu de gestes donc, mais plus réguliers depuis quelques années, toujours pour être fidèle à moi-même. Un anticernes, un crayon pour me redessiner les sourcils qui se raréfient – l'âge, bien sûr. Et en toute saison, un brillant à lèvres.

L'hiver dernier, j'ai utilisé pour la première fois un fond de teint, acheté en pharmacie et sans parfum. À 74 ans, je n'étais pas précoce. Mais dès que je me trouve meilleure mine, aux beaux jours, je n'en utilise plus. Quand j'ai fait ces gestes simples, c'est déjà le bout du monde. Il serait souhaitable désormais, que j'en fasse un peu plus. JL le pense et il n'a pas tort.

Il me plaît de me souvenir que ma grand-mère avait toujours ses beaux yeux verts maquillés de khôl. Ma mère ne commençait pas sa journée sans redessiner ses sourcils. Ma sœur ne sortait jamais sans rouge à lèvres.

Être en amitié avec son corps, sans avoir la nostalgie de la beauté perdue, une beauté de jeunesse, tel est le pari à gagner, le projet à envisager pour éviter toute illusion/déception. Cette libération permet d'ajuster une nouvelle allure, fidèle à votre style, à votre personnalité, mais aussi à votre nature de peau et de teint. Avec l'âge, le teint est plus « brouillé ». J'ai des tâches solaires aggravées par l'âge qui ne me gênent pas, mais m'invitent à avoir les cheveux plus clairs en attendant avec impatience de devenir blanche. Ma nouvelle envie.

Ces taches brunes sur le visage, me remettent en mémoire un épisode qui pourrait vous être utile : un dermatologue qui m'a suivi quelques années avait une obsession chaque fois que je le consultais pour des bobos mineurs, me faire un peeling annuel pour estomper mes taches. Devant mon refus têtu, il ne se décourageait pas, mais écoutait à peine ma plainte du jour. Ainsi il a négligé de diagnostiquer un carcinome (tumeur non cancéreuse pleine de promesses et à retirer rapidement après biopsie). Mon intuition m'a orientée vers un chirurgien qui s'est avéré efficace.

Cultiver cette bienveillance envers soi est pro-bablement ce qu'il y a de plus difficile. Notre culture ne nous y prépare guère. Pourtant quelle hygiène de vie !

J'encourage chacune à s'y essayer. À prendre, littéralement, soin d'elle-même – chaque petit geste en ce sens est une grande victoire. Une nouvelle sensation. Je suis devenue une militante du ressenti, fuyant les normes mais non l'enseignement de celles dont c'est le métier.

Souvenons-nous que nous avons une âme. L'âge nous le rappelle. Un privilège de la vieillesse. Je suis heureuse qu'elle soit plus présente dans ma vie. Au-delà de mon corps, c'est elle que je sollicite en prenant soin de moi. « le corps et l'âme sont une seule et même chose » selon Spinoza. Je n'y avais jamais songé en ces termes. Mais aujourd'hui, je le ressens comme un lien précieux.

Beautés se conjuguent au pluriel.

La vie m'a appris que la beauté n'est pas réservée à la jeunesse et que beautés se conjuguent au pluriel. À chacune de trouver ses gestes, ses rituels, ses plaisirs.

Quelque chose me dit que la forme supérieure de la beauté se nomme le goût de la vie.

Se réconcilier avec son corps au quotidien

« Le bain est un moment de retour sur soi »

Georges Vigarello

Je croyais y être parvenue ou presque, il y a plus de 30 ans. Mais comme l'urticaire, ça revient ! La faute au VGV. Plus 5 kilos en un an. « Tu as bonne mine », me dit-on. Pas faux, mais je le vis mal. Trop de régimes jusqu'à l'âge de 30 ans. On ne se voit jamais assez mince. Le pire, désormais va se nicher autour de la taille et du ventre. Moi qui étais concave, je me sens convexe. Suivie par une nutritionniste, nous avons réussi à stopper l'escalade et à perdre 3 kilos, lentement, sans m'affamer. Satisfaite. Le reste, mon prochain jeûne y pourvoira. La nouvelle manière de me nourrir aussi. Toujours moins. Encore trop.

Mais reconnaissons à cette expérience quelques bénéfices. Vieillir permet de me mettre en lien différemment avec mon corps. Vigilante mais bienveillante. C'est lui qui nourrit mon âme. L'inverse est vrai aussi. L'âme étant plutôt sereine, je ne désespère pas que le corps s'en inspire. L'important est que le dialogue se poursuive.

Vieillir permet de me mettre en lien différemment avec mon corps. Vigilante mais bienveillante.

Miroir et bascule sont très accessoires dans cet équilibre si difficile à trouver et à maintenir. Seule la sensation compte. Pour JL, modèle de discipline, c'est l'inverse, il se pèse chaque matin et c'est plus efficace. Apprentie à vie je suis. Ayant réussi une fois, je sais que c'est possible. Sophie, mon amie proche, hausse les épaules, en m'écoutant patiemment. Ça aide aussi d'en rire ensemble.

Bien que ma salle de bains soit couverte de miroirs, je me vois mais ne me regarde pas ou si peu. Je constate que j'ai du ventre, c'est tout. Globalement, pour 75 ans, ça va. Même s'il y a des jours plus agréables que d'autres.

De rares renoncements vestimentaires. Mes bras sont moins jolis. Je ne me dis pas : « Je vais aller me faire opérer les bras », j'évite les manches courtes, sauf l'été. Je suis passée à autre chose. Toujours plus simple et plus confortable. Une couleur : le blanc. Une coiffure, cheveux longs tirés natte ou queue-de-cheval. Gros problème avec mon chat, il me vole mes chouchous. JL les retrouve toujours dans des endroits improbables. Un seul modèle de jean blanc en sept exemplaires. Quelques pantalons larges sur mesure. Et sauf exceptions, deux adresses pour m'habiller.

Certains choix ne sont d'ailleurs pas l'apanage de l'âge. Je n'ai jamais été contente de mes jambes. J'ai toujours préféré porter des pantalons ou des robes longues en été. C'est devenu un style. Je ne suis pas allée me faire réprofiler les jambes. Pas de short non plus, sauf pour marcher en Provence, à l'aube. Et encore, il m'est déconseillé d'exposer au soleil le moindre centimètre carré de peau. Je le fais rarement. Ça tombe bien, avec l'âge, je ne supporte plus ni soleil, ni chaleur. Et je passe mes étés en Provence… J'apprécie, en revanche, qu'un short soit bien porté. Un si joli vêtement qui met en valeur une silhouette. Chaque année dans *ELLE*, on y a droit, en saison. Un régal. Une grâce folle, sans la moindre vulgarité.

Mes cheveux ont vieilli en premier. Moins épais, depuis déjà une bonne dizaine d'années. Je ne me coiffais plus avec une jolie natte dans le dos, j'ai même adopté les extensions quelques années. Un jour, j'ai cessé, lassée de cette contrainte. Mes cheveux avaient souffert. Je les ai soignés. Du coup, re-natte dans le dos. Lassée aussi de la couleur que j'entretiens par des teintures douces, naturelles, chez la même coiffeuse, depuis 20 ans. Mes cheveux blancs commencent à ressembler à quelque chose autour du visage et je les aime vraiment. Je suis dans la période ingrate. Vivement que je sois toute blanche ! Là, JL coince un peu. Important, son avis. J'observe. Lui aussi évolue sous sa belle tignasse poivre et sel.

Enfin et surtout, je mange de moins en moins (ou je devrais...). Vous le savez, plus on vieillit, plus on stocke moins il faut manger, plus il faut boire, de l'eau bien sûr, et bouger. Ce n'est pas une bonne nouvelle, mais c'est la réalité.

J'ai une hygiène de vie enviable qui ne me demande (presque) aucun effort. Je n'aime pas l'alcool – aucun –, je n'en bois donc jamais. J'aime faire la cuisine, quotidiennement, avec de bons produits, bio autant que possible, et toujours avec amour. Je sais ce que je mange et mes goûts me portent plutôt vers les légumes et les fruits que vers la charcuterie ou l'andouillette.

Je ne suis guère sportive, la performance étant pour moi, vous le savez, une abstraction. En été, plus je nage moins je médite. Nager est une forme de méditation. J'ai découvert, depuis quelques années, le plaisir de marcher dans

Paris, au petit matin, c'est-à-dire la nuit, 6 mois durant. Tout un monde vit à cette heure-là. Outre quelques rares promeneurs de chien ou joggeurs autour du parc Monceau, c'est l'heure des premiers travailleurs qui sortent des bouches de métro. L'heure des livraisons, des mises en place des terrasses de café, du nettoyage des halls d'immeuble et des trottoirs, des parfums exquis de viennoiseries devant les boulangeries, et parfois des éboueurs qui font leur boulot si précieux pour nous. Il faut savoir qu'un camion à poubelles roule au rythme de la marcheuse rapide que je suis. Il importe donc de l'éviter si on ne veut pas l'accompagner sur toute la longueur d'une avenue. Avec le temps, je suis devenue incollable sur les horaires de leur passage dans certaines rues du 8ᵉ arrondissement.

J'aime aussi les massages. Ils font partie de mon hygiène-plaisir de vie. Une fois par semaine et une heure et demie. Depuis plus de 20 ans, chez moi. Longtemps, un massage assez classique, de relaxation. Jusqu'à ma rencontre avec le massage thaï, mon plaisir ultime. J'attends d'un massage qu'il rende mes articulations plus souples, plus libres, plus légères. Mon corps plus délié. Lorsque je me relève (il se pratique au sol et en tenue souple), je peux encore le faire sans effort. Si j'ai cette sensation réconfortante

d'être une plume. Une plume pleine d'énergie.
Le comble du luxe pour moi serait de pouvoir
me faire masser tous les jours. Je n'ai pas dit
mon dernier mot.

J'utilise des produits minceur pour le corps
lesquels ne m'ont jamais fait mincir, je vous rassure. Mais comme ils contiennent de la caféine,
ils stimulent la circulation et me procurent
toujours cette fameuse sensation de légèreté.
Probablement ma préférée.

De 14 à 35 ans, j'ai été obsédée par la minceur
— celle que l'on n'atteint jamais, et par mes
10 kilos de trop, réels et fidèles. Je vous épar-
gnerai la liste des régimes folkloriques que j'ai
suivis. Pas une idée saugrenue publiée par *ELLE*
et par *Marie-Claire* pendant ces années ne m'a
échappé. Quant aux traitements anti-cellulite,
recommandés par ces mêmes magazines, où
j'ai travaillé, ils ont eu raison de mon capital
plus que de mon capiton. Enfin le lâcher-prise
advint, grâce à la psychanalyse, et tout est
rentré dans l'ordre. Manger a cessé d'être une
menace pour devenir un plaisir. N'allez pas en
psychanalyse pour maigrir, vous vous ruine-
riez, perdriez patience et vous seriez déçues :
chez moi, ce fut un bénéfice secondaire de la
thérapie — chacun sait combien la relation à
la nourriture est déterminée par l'enfance et
la charge émotionnelle qui lui a été attachée.

La suite de mon histoire, vous la connaissez. Je viens de vous en parler.

Pour résumer, je ne poursuis un chemin beauté qu'en retour d'un bénéfice. Quand j'y éprouve du plaisir et en ressens du bien. Sinon, je passe à autre chose. Tout cela participe à développer une écoute du corps et une confiance.

Je ne poursuis un chemin beauté qu'en retour d'un bénéfice.

Il est vrai que depuis le cancer, je suis plus attentive aux produits de soin bio. Pour l'alimentation, je l'étais déjà, mais j'ai fait un petit pas de plus, sans que cela devienne une obsession. De plus en plus d'industriels de la cosmétique sont conscients qu'il est souhaitable d'aller dans cette voie : innocuité totale et préservation de la planète. Toute femme touchée par un cancer devient encore plus vigilante à ce qu'elle utilise et lorsqu'elle dit « Voilà ce que m'a recommandé mon médecin », ça influence l'entourage.

Je vis avec un homme qui utilise au moins trois fois plus de produits cosmétiques que moi. Il m'arrive de lui voler les siens, pour le corps surtout. Il stocke les produits comme les patates en temps de guerre, dans un placard dont le spectacle est au moins aussi étonnant que mon dressing tout blanc — mes vêtements pas les murs. J'aime qu'il en soit ainsi. JL est très attentif à son corps. Il se passe tantôt une huile, tantôt une crème, absolument de la tête aux pieds, tous les matins. Et les résultats sont impressionnants

*Politesse et
générosité,
sont les vertus
de l'attention
à soi.*

et gratifiants pour nous deux. Politesse et générosité, sont les vertus de l'attention à soi.

Le corps parle. Avec l'âge, il devient de plus
en plus bavard : mémoire, fragilité, vulnérabilité... Il nous faut apprendre à l'écouter en
toute humilité, et agir en conséquence. Une
autobienveillance.

Me maintenir en forme et en séduction n'est
pas, pour moi, une fin en soi. Ce n'est qu'un
appui pour mieux aimer.

Et mieux vivre.

Muscler
son mental, libérer
sa spiritualité

« Et l'on voit de la flamme aux yeux
des jeunes gens, Mais, dans l'œil du
vieillard, on voit de la lumière »

Victor Hugo

« Quand j'ai sorti mon dernier livre en 2014, j'ai eu
beaucoup de peine à repartir sur un nouvel ouvrage.
Ça inquiétait beaucoup mon fils, qui me disait :
"Alors, as-tu trouvé un livre ?" Non pas qu'il lise
ce que j'écris. Mais il sait que c'est indispensable
à mon équilibre. » Dominique, 82 ans, sortira son
prochain livre à la rentrée 2018 chez Gallimard.
"Avoir un goût pour la chose intellectuelle", comme
en témoigne Dominique, ou « celui de donner aux
autres », dixit Françoise, 74 ans, « donner du temps,
du savoir-faire, une expérience, utiliser son réseau

pour aider les femmes à avancer » : autant d'atouts quand vient l'âge.

À l'intellect, aux affaires, au bénévolat, j'ajouterai, pour ma part, la nécessité de cultiver une dimension spirituelle. Plus encore qu'à d'autres âges de ma vie. Non qu'elle soit plus essentielle désormais, mais le rythme auquel je vivais, ne lui laissait guère de place. Elle était dormante mais présente.

Je suis probablement née avec cette tranquille conviction, qui me vient, tout à la fois, de ma famille, du Maroc où j'ai vécu, de mes cultures orientale et juive.

Aujourd'hui, je la cultive davantage. Elle se nourrit de temps et de présence. Comme tout amour. Active, lorsque j'écris, fait à manger, marche, nage ou lit de la poésie. Passive lorsque je regarde mon chat méditer ou que je m'émerveille devant ce que la nature ou le talent humain nous offre.

De nombreux jeunes ressentent ce besoin de spiritualité laïque, sans lien avec une religion. Pour donner du sens à leur vie. Si toutefois cette expression a un sens. Il s'agit simplement de bien se sentir, de ressentir du calme au fond de soi, et non du vide, au moins par instants, parce que relié à plus grand que soi, la beauté, la poésie, la musique, la nature ou autre. Même et surtout si on est actif. Se consacrer aussi à des activités où d'autres valeurs que l'argent sont en jeu. Une sorte d'humanisme.

Ces jeunes décrivent leur peine à vivre avec un vide qu'ils ne savent comment combler. Souvent ils vont en psychothérapie et n'y trouvent pas de réponse. Inès Weber, psychothérapeute, chroniqueuse à *Psychologies magazine*, observe que certains de ses patients ont davantage besoin de combler un vide existentiel que de psychothérapie. « Pourquoi je vis ? ». Elle a identifié ce manque comme étant une absence de transcendance. Élevés sans religion, sans grand récit politique, dans un monde qui se transforme à une allure vertigineuse et qui a érigé l'argent et la consommation en valeurs premières, voire uniques, beaucoup ressentent le besoin « d'autre chose ». Inès Weber a eu l'idée de fonder le « Sésame », centre de spiritualité laïque, avec Abdennour Bidar philosophe, de culture soufie, militant de la laïcité et de la fraternité, connu pour vouloir bousculer l'islam et ceux qui en font une lecture détournée à des fins politiques et terroriste. Cette initiative originale a 3 ans déjà et connaît un vrai succès. J'y anime 2 ou 3 séances par an, avec plaisir. J'apprends beaucoup de ce public exigeant, dont les questions bousculent parfois, et m'invitent à reformuler ma pensée.

Les jeunes y viennent nombreux un lundi soir sur deux, pour rencontrer des intervenants très divers qui partagent expérience du sacré, qu'il s'agisse de musiques, cuisine, écologie, ou architecture. Je leur ai présenté l'œuvre de Tadao Ando, par exemple, ô combien spirituelle. Ou encore pour écouter Alexandre Jollien au sujet de son expérience du handicap. Devenu philosophe à force de travail, de souffrances, d'expériences extrêmes. Il a transformé sa colère en joie et la transmet généreusement.

Se muscler le mental, l'âme et le cœur.

Se muscler le mental, l'âme et le cœur. Tout se tient. Le corps demande d'autres types de pratique.

Même les marques cosmétiques s'y mettent, timidement. Qui s'en plaindrait, si la sincérité est première ? « La beauté nous fait grandir, rend le monde meilleur », *dixit* Shiseido. Formulé ainsi, c'est vrai.

Je doute que l'on puisse aller chercher ce type de sensations si, en plus de se cultiver, on ne s'isole pas de son milieu quotidien par instants ou quelques jours de temps à autre. Ainsi devient-on plus perméable à la beauté du monde, celle de l'ordinaire.

On reconnaît les génies musicaux au silence, à la respiration, vous diront les grands musiciens et chefs d'orchestre.

Beaucoup plus modestement, je médite tous les jours, depuis 30 ans. Mon temps de méditation est une parenthèse de recueillement.

Un moment « sans pourquoi ». Je me pose 10 minutes, chaque jour, au même endroit, à la même heure, sur le même zafu. Ni pour obtenir quelque chose, ni pour cesser de penser. Je me pose, point final. Sans but et sans projet. Tenir la posture. Droite sur mon coussin, sans tension, les yeux mi-clos. Je suis bien. Un minuscule investissement, aux bénéfices indicibles, mais ressentis.

J'ai également découvert le jeûne, en 2012. Depuis, chaque été, je fais une cure de 10 jours, en solitaire, sans JL, qui me rejoint les 2 derniers jours, dans une clinique située au bord du lac de Constance, ou sur la côte espagnole. Moi qui n'aimais que l'océan, je me surprends à regarder ce lac et à me promener sur ses berges avec plaisir. Ce lieu m'a éveillée davantage encore à la joie de la contemplation, cet état qui nous permet d'accéder à une autre partie de nous-même.

Les bénéfices du jeûne sont multiples, spécialement sur le mental. Alléger sa nourriture allège l'esprit, l'éclaircit et le stimule. Ce qui semblait confus devient limpide. Tous ceux qui pratiquent le jeûne vous le diront : on n'a pas faim et on a du mal à l'interrompre. Il engendre une euphorie très singulière, fort ancienne puisque décrite dans les grandes traditions spirituelles. Il énergise aussi. Il nous est recommandé de faire 2 heures au minimum par jour d'exercice physique. Je marche et nage ce temps sans la moindre fatigue.

Je ne perds que 2 ou 4 kilos, selon les années. Mais vivre une telle retraite en ne buvant que de l'eau et des soupes est un bouleversement pour le corps, l'esprit et l'âme. Je garde le silence, le plus possible. Et je sais que le monde est là si je ressens le besoin d'échanger, de rencontrer.

Seule, sans manger, sans parler, j'habite un temps radicalement différent. Coupure annuelle salvatrice, de ce fait. Elle remet les pendules à l'heure, et l'aiguille du pèse-personne à la place souhaitée. Au moins quelques semaines.

Autre rituel pratiqué plusieurs années, que j'ai interrompu pour le jeûne mais que je reprendrai volontiers : la cure de silence. Probablement mon expérience la plus forte, la plus bénéfique sur le long terme.

En été, 8 jours par an, dans un ashram situé en Ardèche. Moments précieux qui ont confirmé mon besoin de spiritualité, plus difficile à stimuler dans une vie parisienne active.

Une cure de silence ? Cela consiste à ne pas parler du tout, fût-ce à table. Ni téléphone portable, ni ordinateur. Très vite, je prends un cahier, un stylo et j'écris. Un réflexe qui me fait du bien. À Paris, sauf pour écrire un livre, je n'écris guère.

J'ose à peine appeler écriture des mails ou des textos qui ont bien changé ma vie, notre vie. JL, écrit chaque jour, un grand feuillet, depuis l'âge de 17 ans. Il en a 80. Rituel implacable, qui, dit-il, « lui a fait faire l'économie d'une psychanalyse ».

Heidegger disait : « Nous habitons la maison du langage, qu'en est-il du silence ? » Bénéfice immédiat : on devient attentif aux autres. À table, dans le réfectoire de cet ashram, on ne peut pas dire : « Passe-moi le sel, ou le plat de pommes de terre. » Seule l'attention de chacun aux gestes et regards des autres permet de satisfaire sa faim ou sa gourmandise.

Le silence me connecte à mon monde intérieur. C'est un espace où je peux déployer mon être. Transformer mon niveau de conscience. Une puissance inégalable. Dans une conversation, il peut être plus efficace que tous les mots. Il crée souvent un malaise chez l'autre, qui finit par lâcher une information malgré lui, juste pour combler le vide.

Le silence me connecte à mon monde intérieur.

Imaginez un espace calme : le silence y est physique, psychologique, émotionnel, sensoriel, spatial. Le langage peut être une médiation, une volonté de compréhension du monde qui nous entoure. Le silence, lui, développe l'acceptation, l'ouverture. Nous laissons le monde venir à nous. Peut alors jaillir une intuition, une inspiration, une sensation si forte que se forme le projet de la retrouver le plus souvent possible. Notre part animale nous invite à retourner à la source, boire ce qui nous fait du bien.

Le silence [...] est aussi apprentissage, ouverture à la connaissance.

Le silence n'est pas seulement l'écoute et le respect de l'autre. Il est aussi apprentissage, ouverture à la connaissance : « Celui qui parle sème, celui qui écoute récolte. »

Quand je sors de ces « cures », j'ai laissé émerger de nouveaux désirs, je me connais un peu mieux, et je connais un peu mieux l'autre – ce voisin de table côtoyé quelques jours, dont on ne sait rien, ni le nom, ni l'activité, mais dont on a senti tant de choses. Et surtout j'ai conscience que j'ai une âme. Elle me donne une force, une énergie particulière, quand l'autre fait défaut. Elle me permet de relativiser toute chose, non pour sombrer dans l'indifférence, mais pour mieux la vivre.

JL « m'accompagne », en ce sens qu'il fait aussi l'expérience de la solitude de son côté, à la montagne où il écrit. Grande découverte pour lui, qui n'avait ni goût ni besoin de solitude. Comme beaucoup d'hommes de sa génération, il est passé, à 20 ans, du cocon familial à la vie de couple, puis à la vie de famille, sans aucune expérience de vie seul. Sauf à un moment de son parcours affectif, sans l'avoir choisi. Il a trouvé le temps long et pas vraiment agréable.

Expérience toute différente de la mienne, qui ai choisi de vivre seule jusqu'à l'âge de 43 ans, lorsque je l'ai rencontré.

Je vous ai parlé également des rituels tout simples qui élèvent l'âme au quotidien – ces gestes de soin, réguliers, concentrés, empreints de bienveillance. Ce temps qu'on s'accorde dépasse le simple soin cosmétique. Quand je rince mon visage à l'eau, je peux le faire 6, 7 fois, jusqu'à ce que je ressente un bien-être juste. Je n'aurais pas pu en parler avec ce sentiment d'importance il y a encore 10 ans. Cette extrême attention à la sensation est un cadeau de l'âge. Tout cela demande du temps.

Cette extrême attention à la sensation est un cadeau de l'âge.

Je me lève tôt. En général, vers 6h. Jusqu'à 8h45, heure de notre petit-déjeuner, le temps m'appartient totalement. J'en ai besoin pour ces différents rituels, exigeants comme tout rituel – mon premier café, les gestes de la toilette, marcher, méditer, sortir les fruits du petit-déjeuner, me doucher, m'habiller. D'année en année, j'y prends un plaisir grandissant. Je perçois une vraie différence entre l'avant et l'après. Une certaine paix, qui me met en joie.

La solitude, le silence, le jeûne me rechargent en énergie, en créativité, en capacité à aimer – ou à vivre le moins mal possible – quand la vie fait les croche-pieds qu'elle sait réserver à chacun.

Ces pratiques me relient à moi-même, aux autres et à la nature. C'est beaucoup et à la portée de tous, une fois les enfants grandis et partis, et les matins plus calmes.

Quand on s'y met comme moi à un âge avancé – la soixantaine, on se prend à regretter de ne l'avoir pas fait plus tôt.

Aimer la jeunesse...
des autres
jaimelesjeunes

« — *Dans cent ans qu'aimeriez-vous*
que l'on dise de vous ?
— J'aimerais que l'on dise : "il se porte
bien pour son âge !" »

Woody Allen

Vous tenez-là un élixir de longue vie. Croyez-en
mon expérience.
Et puis, sait-on jamais, en aimant la jeunesse
des autres, en recherchant leur compagnie, vous
lâcherez la nostalgie de votre propre jeunesse,
naturellement, sans douleur, pour profiter et
les faire bénéficier de votre nouvelle place. Ils
vous y aideront.
À ceci près : comme dans toute relation réussie,
il importe que vous soyez « désirable » pour

ces jeunes. Je m'explique : les jeunes aiment en vous votre jeunesse d'esprit. C'est-à-dire votre curiosité, votre disponibilité, vos récits, votre humour, mais par-dessus tout, votre âge, votre expérience. Leurs doutes existentiels sont nombreux, pas simples à formuler. Je les aide à se poser les « bonnes » questions. Notamment la plus délicate : « Toi, que veux-tu vraiment ? » Formuler clairement son désir est plus difficile qu'il n'y paraît, surtout pour un jeune. L'âge du « trop » – trop de désirs à la fois et de préférence contradictoires. Tant mieux, sinon ils seraient vieux avant l'âge.

À observer mes petits-enfants, ceux âgés de 20 ans et plus, je suis bluffée par le nombre d'envies qu'ils parviennent à satisfaire. Une inflation galopante comparé à ce que j'ai vécu. Certains d'entre eux sont plus hésitants sur leur avenir. Nous, les vieux, en sommes préoccupés, à tort.

Quoi de plus normal ? Ils sont dans une société d'hyperchoix, d'hypermobilité, hyper-concurrentielle. Tant de métiers leur sont proposés – et la liste change régulièrement. Et puis, ils savent que leur vie sera longue, paradoxalement, sur une planète menacée. C'est pourquoi leur conscience et leurs comportements sont bien plus écologiques que les miens.

Autre différence, alors que je me suis précipitée pour quitter le domicile familial, sitôt le bac en poche, et gagner ma vie à 23 ans, après une simple licence en droit. Ils ne sont pas dans le même timing. L'ouverture d'esprit de leurs parents, leur capacité à les écouter, à dialoguer, à partager des activités avec eux, ne ressemblent en rien à ce que j'ai connu ? Des problèmes relationnels surgissent malgré tout et se résolvent.. J'ai exercé le même métier pendant 50 ans, dans le même pays. Plus aucun jeune ne connaîtra ça. Pour 3 raisons : ils sont plus mobiles ; les métiers se renouvellent du fait des évolutions rapides de la technologie, allant de rupture en rupture ; enfin, et pour les mêmes raisons, le travail se raréfie.

Dans une quinzaine d'années, 40 % des entreprises du Fortune 500 auront disparu et 2 milliards d'emplois seront à réinventer. Simultanément, souvenons-nous qu'un paysan en Afrique a aujourd'hui plus de puissance de calcul dans sa poche, donc plus d'informations et de capacités de communication, que Bill Clinton n'en avait à sa disposition lorsqu'il était président des États-Unis[1].

Cette perspective a de quoi donner le vertige aux jeunes. Parler à des vieux les rassure.

---

1. Source : TedX Paris.

Si vous ajoutez à cela qu'Elon Musk et Stephen Hawking, décédé en 2018, sont persuadés que la vie sur Terre est condamnée – guerre nucléaire pour l'un, virus génétiquement modifié pour l'autre –, nos jeunes vivent une époque infiniment plus différente de la mienne, que moi celle de mes parents.

Moi, j'ai simplement eu besoin de m'adapter à l'évolution de mon métier de publicitaire, voire d'anticiper quelques changements. Ce cocktail d'intuition, de confiance et d'audace est toujours amusant et souvent efficace. Rencontrer des gens de toutes générations dans les entreprises, des quinquas, des sexagénaires mais aussi beaucoup de quadras et de trentenaires, les écouter m'a stimulée et fait un bien fou. À ma grande surprise, les liens sont d'une grande simplicité avec ceux qui ont la moitié de mon âge.

À ma grande surprise, les liens sont d'une grande simplicité avec ceux qui ont la moitié de mon âge.

À la création de *CLES* avec JL, en 2010 – notre dernier magazine –, j'ai pensé que j'étais trop vieille pour continuer ce métier. Non parce que je me sentais vieille, mais parce que je craignais que les plus jeunes ne me reçoivent pas comme une des leurs.

Ce n'est pas faux. J'appartiens à un monde différent de celui des natifs du numérique : celui du papier. Le gap est immense. L'ordinateur et le mail sont entrés assez facilement dans ma vie, dans les années 1990. Je ne me suis mise aux textos qu'autour de 2010, pour pouvoir communiquer avec mes petits-enfants. Je venais à peine d'installer ce nouveau réflexe quotidien qu'ils étaient déjà égarés sur les réseaux sociaux. Là j'ai dit « pouce ». Non, pas « la petite poucette » virtuose du clavier chère à Michel Serres : « pouce » dans mon enfance signifiait stop. Taper textos et mails à l'aide de mon index et non de mes deux pouces me rangent définitivement dans le monde d'avant. J'assume. Et si je suis plus lente que si je pianotais des deux pouces, j'arrive à communiquer. JL, lui, dicte ses textos à Siri, l'assistant vocal de son smartphone. Au moins est-il pris de fous rires parfois en relisant ses textos. Je n'affirmerai pas que ses correspondants en fassent autant en recevant ses messages. Les cocasseries sont nombreuses. Mes jeunes à moi, outre mes petits-enfants, sont trentenaires et quadras. Mon équipe s'amusait à parler de « mes fiancés ». Des garçons intéressants, confiants, délicieux qui voyaient en moi une figure maternel¹e. Ou la grand-mère qu'ils n'ont pas connue. Place idéalisée quand on a leur âge.

Nous parlons boulot. Ils me font part de leurs interrogations sur leur parcours. De leurs « ras-le-bol » vis-à-vis de leurs patrons, dont ils se croient toujours incompris et souvent pas entendus.

Ils sont si pressés. Rilke dans ses *Lettres à un jeune poète*, écrivait un passage prémonitoire sur l'évolution des femmes : « Le mâle prétentieux et impatient, qui ignore la valeur de ce qu'il croit aimer, parce qu'il ne tient pas aux profondeurs de la vie, comme la femme, par le fruit de ses entrailles. ».

Je poursuis le questionnement, pour mieux comprendre mais surtout pour que ces jeunes hommes et femmes voient mieux où les mènent leurs pas. Dialogue classique de type socratique, pour approcher, sinon une réponse, du moins un chemin, qui serait le plus juste pour l'interlocuteur. Comment, à partir de ce dialogue, en arrive-t-on aux confidences sur leur vie amoureuse ? Délicieux mystère de la conversation. Cette errance, si rare donc si précieuse, qui nous mène là où elle-même l'ignore. Leurs questions m'intéressent et me touchent. Et s'il y a de la « prétention » dans leurs propos de carrière, je ne perçois qu'innocence et naïveté dans leur vie privée. Un peu notre cas à tous. Pas d'expertise dans ce *Apprentis à vie* domaine. Apprentis à vie nous sommes, et c'est *nous sommes,* heureux. Imaginez quelques instants que nous *et c'est heureux.* ne trébuchions plus en amour ou en amitié. Quel ennui ! Nous perdrions de notre humanité en perdant nos doutes. Le robot ne doute pas, sinon il perd sa place.

« Fiancés », donc ? Mon lien aux jeunes des deux sexes, est-ce une forme de séduction ? Tout lien suppose une forme de séduction, qui ne disparaît pas avec l'âge. Une séduction sans intention. Sans pourquoi et sans projet. Si ce n'est celui de cultiver, d'enrichir, d'ancrer une amitié.

Ces jeunes, garçons et filles, m'enrichissent de leur vie, de leurs doutes, de leur maîtrise du monde d'aujourd'hui qui me fascine, me plaît, mais dont je sais que je vis en marge en essayant de ne pas être tout à fait larguée. J'ai noué avec certains, certaines – je ne parle pas du cercle familial qui reste un trésor – des relations fortes, importantes pour moi.

Leur transmettre mon expérience semble précieux pour eux. Ils ne me renvoient pas l'image d'une vieille femme, mais d'une grand-mère qui a vécu, qui est encore bien vivante, oublie (presque) de se plaindre, sait se rendre disponible et s'intéresse à eux avec tendresse. Une grand-mère qui dit OUI le plus souvent à leurs initiatives.

Car pour dire OUI, il faut faire confiance. La tendresse ne suffit pas.

Nous échangeons nos expériences, nos regards. Nous rions beaucoup et partageons thés, livres, amis et adresses, recettes, repas et parfois des projets.

Ce sont mes amis de cette seconde vie.

Leur transmettre mon expérience semble précieux pour eux.

Exister dans le cœur des autres est vital. Mais plus telle que je voudrais qu'ils me voient. Juste telle que je suis. Cette simplicité, je la dois aussi à mon nouvel âge.

Par rapport à ces jeunes, je suis ailleurs. J'habite un autre temps que mes petites-filles, Pénélope, 25 ans, ou Alma, 18 ans, ne connaissent pas encore. Je leur souhaite de le vivre un jour, même si d'ici là la vieillesse aura encore changé.

Je regarde, je questionne, j'écoute, j'aime Pénélope, comme tous mes petits-enfants, ou toute personne plus jeune, avec un intérêt singulier, parce qu'ils habitent leur planète-jeunesse à eux.

Et même si j'ai été jeune aussi, je n'ai pas vécu leur jeunesse.

D'où mon désir de les rencontrer, le plus souvent possible, sans peser, en les écoutant, en les regardant vivre, sur leur terre en répondant à leurs questions sur mon propre chemin. Si je ne le fais pas, fût-ce un peu, je vais m'isoler sur mon rocher, et me priver de ce lien essentiel. Même si je ne comprends pas tout, le miracle se produit : la rencontre. Souvent à table, est-il besoin de le préciser. Leur gourmandise et leur curiosité culinaire me comblent. Ils ont tant de choses à m'apprendre.

Dès lors que l'on se place dans un ailleurs, et vieillir est aussi cela, nous sommes à distance. Il n'y a pas lieu de s'en désoler. De là, nous pouvons mieux voir, mieux entendre, mieux percevoir.

On n'appréhende pas un tableau de la même façon de près et de loin. Les deux sont nécessaires. Google l'a compris, qui sur son écran géant permet d'agrandir à l'infini ou presque le moindre des personnages d'un Jérôme Bosch ou d'un Bruegel grand comme une tête d'épingle. Au risque de trahir, disent les sachants, l'intention de l'artiste. On comprend alors le travail fou du peintre, qui ne néglige aucun acteur de sa toile, fût-ce de la taille d'une puce.

Quelque chose de cet ordre se produit en vieillissant. Nous sommes ailleurs par rapport à la jeunesse. Mais nous sommes présents. Il suffit que cet ailleurs soit accueillant, et le lien ne se rompt pas. Si je peux les aider, par mon comportement, à avoir une image plus désirable de la vieillesse afin qu'ils en fassent un projet, anticipé et préparé, j'en serai gratifiée. Eux me donnent de leur enthousiasme et m'aident à comprendre ce monde-ci.

Nous sommes ailleurs par rapport à la jeunesse. Mais nous sommes présents.

Rester en lien avec les jeunes m'est essentiel. Ils me font la grâce encore de penser qu'ils y trouvent plaisir et bénéfice.

Je fais de mon mieux pour que ça dure.

Je me sentirai vraiment vieille le jour où je n'aurai plus de jeunes autour de moi, qui sollicitent une rencontre, me racontent leurs histoires, et apprécient le plaisir d'être ensemble. Tant que mes petits-enfants et mes jeunes amies auront envie de me voir, de me parler de leurs projets, de m'embrasser, me présenteront à leurs amis, accepteront mes invitations, réclameront un plat ou un gâteau – ou les deux –, la vie vaudra d'être vécue.

LES VIEUX DE MA VIE

« On est toujours le vieux de quelqu'un »

Anne-Sophie Letac, historienne
#balance pas tes vieux

« Y'A TROP DE VIEUX ICI ! » Elle exige de quitter l'établissement de rééducation médicalisée, 5 jours après son arrivée. Nous avions négocié plusieurs semaines une chambre individuelle, tant les demandes sont nombreuses malgré des tarifs de palace.

Sa décision, elle, n'est pas négociable. Comment ne pas la comprendre ?

Après son AVC, à 90 ans et plusieurs semaines d'hôpital, ma mère était devenue totalement dépendante. Elle avait choisi, à notre grand soulagement, la solution maison de repos, *versus* une personne à demeure.

Vous imaginez son désarroi – et le mien –, lorsqu'elle a exigé de rentrer à la maison. Mais qui n'a pas pris de repas dans la salle à manger de ce type d'établissement ne sait pas la misère d'une grande vieillesse handicapée. Où l'on découvre que chez les nonagénaires les pertes de motricité ne sont pas les pires, comparées à des Parkinson ou Alzheimer avancées. Un seul dîner a suffi. Malgré un jardin superbe, une chambre lumineuse et vaste, des repas finalement servis dans sa chambre, elle refusait de rester là. Les quelques pas nécessaires qu'elle doit tenter de faire à l'aide d'un déambulateur dans le couloir, où l'on croise des personnes très mal en point, l'ont amenée à une conclusion rapide : fuir, avant de sombrer dans la dépression.

Je rappelle qu'à ce moment-là, ma mère vit seule en Israël, et que je suis à 5 000 kilomètres où je dirige un magazine avec JL. Difficile pour moi de rester près d'elle plus de 8 à 10 jours à la fois. Le miracle veut que nous trouvons une charmante Philippine disponible pour s'occuper d'elle nuit et jour. Je suis reconnaissante envers la vie de pouvoir faire face à cette dépense.

Les personnes ayant le profil de ma mère, hyperactive jusqu'à son accident vasculaire, vivent un séisme physique et mental. La violence du choc de cette dépendance totale y compris pour les gestes les plus intimes fait passer de la sidération à la tristesse, transforme le tempérament. Ainsi ma mère, si joyeuse d'habitude, balançait entre colère et découragement et devenait assez tyrannique, sans le vouloir.

La première fois que je l'ai changée, elle était alors totalement paralysée dans son lit d'hôpital. Mon cœur battait fort. J'ai pensé à ce qu'elle devait ressentir, elle, si pudique. Peut-être même se disait-elle que j'étais maladroite – en quoi elle avait raison. Peut-être s'en trouvait-elle agacée sans pouvoir le dire.

Soudain, j'étais devenue la mère de ma mère. Situation que nous sommes nombreuses à vivre du fait de la longévité. Expérimenter de nouveaux rapports humains est une des promesses de l'âge. Il arrive qu'elle réserve quelques mauvaises surprises.

Une fois rééduquée à une forme d'équilibre, ma mère a pu rentrer chez elle, où la jeune Philippine a fait preuve d'une patience et d'une bienveillance rares jusqu'à la fin. Ma mère fut aussi très entourée par sa sœur, ses filles, et des amies. Une chance que je mesurais chaque jour, moi qui étais si loin – plus que ma mère probablement, toute à son handicap. Elle a pleinement bénéficié de cette entraide familiale si précieuse pour éviter l'isolement en fin de vie. Un luxe dans le désarroi.

Ma sœur, elle, s'est envolée à 83 ans, après 2 semaines d'hospitalisation. Son cœur a lâché. Son rire, dont elle n'était pas avare, résonnera toujours à mes oreilles. Un quart des Français seulement meurent chez eux. Elle n'en a pas été. Par chance, mes frères vieillissent bien, à ce jour. Je vous ai parlé aussi de mes grands-parents, ces vieux « d'avant ». Respectés, honorés, ils m'ont donné envie de vieillir. Ma grand-mère, souveraine. Mon grand-père, à la retraite depuis longtemps. Son unique activité l'après-midi, après une petite sieste, était de lire. Et, de temps à autre, de nous raconter l'histoire du Petit Jacob — notre nirvana —, en nous autorisant à tremper le doigt dans son verre (taille vodka) de *mahia*, l'alcool de figue, traditionnel apéritif marocain à l'époque. Un alcool blanc et fort, dans lequel il était coutume de faire macérer de l'aneth (en fait des queues de fenouil), ce qui lui donnait un goût d'anis que j'apprécie toujours. Non pas l'alcool, mais l'anis. Mes grands-parents sont morts de maladie, avant l'âge de 90 ans, entourés par leur famille.

Les parents ne sont pas les seuls à vieillir douloureusement au sein d'une grande famille. On découvre, parmi nos très proches, encore jeunes, des affections jusque-là inconnues, perte de leur mobilité, de la parole, conscience intacte ou encore souffrances musculaires et migraines permanentes. Dans tous les cas le quotidien est empoisonné. Pour celles qui sont seules, vivre devient problématique et l'avenir anxiogène. Le spectre de la dépendance est insupportable.

D'où cette courtoisie que l'on peut s'offrir lors-qu'on vieillit à son mieux : veiller sur ceux qui en ont besoin. Une assistance qui permet à la vieillesse de rester, au moins partiellement, une affaire privée – une valeur qui m'est chère.

La mémoire...
un vague souvenir

*« Si vous avez plus de rêves que de
souvenirs, vous êtes jeunes »*

Shimon Peres, 92 ans.

« Quel jour sommes-nous ?
« Tu sais j'ai croisé cet après-midi, comment
s'appelle-t-elle déjà ? Je ne connais qu'elle. »
Plusieurs fois par jour, je connais cette défail-
lance. La perte la plus associée à l'âge, est la
mémoire. Et l'Alzheimer une des maladies les
plus redoutées.
*Yvonne, 94 ans : « mes petits enfants me disent
"elle décroche = elle divague" je témoigne qu'il n'en
est rien ».*
*Ione a perdu son mari d'un parkinson « si vous me
faites parler sur sa maladie, je vous répondrai, elle
a duré 3 ans. en fait, il a été malade 15 ans ! les
choses difficiles, on les oublie »*

Autant j'accepte les transformations de mon corps, excepté mes 5 kg pris ces dernières années, autant la mémoire qui flanche, m'agace. Un outil usé on le change, mais une mémoire. Il faut que je me mette au plus vite à apprendre des poèmes, chaque jour pour les réciter quand je nage ou marche. Comme le faisait Gilbert Trigano en se rasant le matin. À mon âge, sa mémoire était encore enviable, surtout celle des chiffres.

Cette perte nous fait naviguer sur le même bateau, JL et moi. Nos conversations deviennent plus allusives que précises. Croiser une personne qui vient nous saluer dans le TGV ou ailleurs nous met en risque d'une humiliation intime, sauf si elle a la délicatesse de rappeler son nom. Notre sourire soulagé lui confirme qu'elle a eu raison de s'identifier.

On nous dit de rester en activité, de lire, de mémoriser les numéros... Nous faisons tout ça. Mais le trou béant sur les dates et les noms se creuse. Dans le meilleur des cas, JL trouve vers 10 heures, le prénom de la personne évoquée deux heures avant. À nous deux, nous complétons le nom vers 17 heures ! ou jamais.

Cette métamorphose observée chez nos aînés, on ne la comprend que si on la vit. Je deviens soudain indulgente en repensant à ma mère. Elle aimait beaucoup aller au spectacle. Je l'y emmenais lors de ses passages à Paris. Elle était enthousiaste et le lendemain, nous en reparlions, elle était incapable de se souvenir du nom de la pièce ou du film. Ça m'agaçait au plus haut point. Je lui demande pardon. Je frôle ce stade désormais.

Alzheimer ? notre angoisse commune. Je ne me serais pas posé la question il y a dix ans. Quand je me suis renseignée auprès de mes frères médecins, pour savoir si on pouvait détecter cette maladie très tôt, ils m'ont dit : « Le test ? Ils vont te demander où tu habites, comment tu t'appelles, où tu es née. ». Pour l'instant, je peux encore y répondre sans hésiter, heureusement ! J'insiste : « On ne peut pas me radiographier le cerveau ? Faire une IRM ? ». Réponse sans appel de mes frères : « Pas pour cette raison de simple inconfort ou d'agacement. ». Compréhensible.

Récemment, il m'est arrivé, pour la première fois de ma vie, d'oublier un déjeuner amical. Je ne l'avais pas noté sur mon agenda. ah les textos ! une fois lus, si je n'inscris pas le rendez-vous sur mon agenda, immédiatement, je l'oublie. Je lui avais bien répondu oui, mais pas noté. Vers 13 h 15, timidement, elle m'appelle « je suis bien à l'adresse indiquée du restaurant. Tout près de vous. Avez-vous un problème ? ça ne vous ressemble tellement pas » j'ai avoué mon oubli et lui ai proposé de venir à la maison où je terminais seulement une réunion. Elle est venue, nous avons éclaté de rire et elle m'a racontée sa nouvelle vie à Vienne.

Les pannes de mémoire sont le handicap numéro un du vieillissement. Sauf exceptions. Je rappelle brièvement que le déclin des fonctions cognitives s'explique par le vieillissement des neurones. La vitesse de traitement de l'information ralentit et il devient plus difficile d'exécuter certaines tâches complexes. De plus, la mémoire de travail, qui traite les informations à court terme, devient moins performante.

Comme vous, je suis capable de réciter quelques fables de La Fontaine apprises à 8 ans ; mais me souvenir de l'intrigue d'un film que j'ai aimé, il y a un an, est plus cahotique.

Cette usure dépend surtout de facteurs externes (attention et motivation) mais aussi du vieillissement du lobe frontal impliqué dans ces processus.

Nous pouvons agir et muscler notre capacité de concentration. Pour le reste, la nature fait son travail.

D'aucuns me diraient, à juste titre, « si c'est là ta seule frustration, tu vas donc bien ! » dont acte. Je reconnais que cette perte, plus agaçante que grave, procure parfois une sensation de flottement qui n'est pas désagréable. Ma relation au temps a toujours été approximative, tout

comme mon sens de l'orientation. Un atout en
vieillissant : je ne me préoccupe pas du peu de
temps « qui reste ». Contrairement à JL, pour
qui, se projeter dans le futur, reste un réflexe
de manager. Il m'a confié récemment, qu'il y
travaillait, sinon à s'en guérir, du moins à s'en
alléger pour mieux vivre l'instant. Je reconnais,
non sans émotion, qu'il y parvient déjà.
Je ne peux évoquer la mémoire, fut – ce suc-
cinctement, sans saluer notre faculté d'oubli.
Imaginez que nous retenions tout. Ce serait
un cauchemar. La mémoire, mécanique fort
complexe et dont on sait encore peu de choses,
filtre et recompose à sa guise le passé. Chez moi,
comme chez Ione, elle efface souvent les mauvais
souvenirs. Bien d'autres aussi hélas. À 75 ans, il
ne me reste plus qu'à ne pas oublier d'accepter
cette perte.

ACTIVE, TOUJOURS !

« La vieillesse est si longue qu'il ne faut pas la commencer trop tôt »

Benoîte Groult

UNE PERSONNE QUI M'EST CHÈRE, AUJOURD'HUI ÂGÉE DE 87 ANS, a exercé une belle et longue carrière de journaliste et d'auteure à succès.
Jusqu'au jour où ses livres ont cessé de se vendre, la privant ainsi du sentiment de reconnaissance et d'utilité nécessaires à chacun. Elle avait déjà plus de 80 ans.
« Je ne suis plus personne ici », me dit-elle, *parlant de sa vie parisienne. Terrible parole. « Je n'écrirai plus de livres. Je n'ai plus rien d'intéressant à dire sur l'époque. » Confiance émoussée.*
Ajoutons que depuis 5 ans, elle souffre d'une maladie orpheline d'origine neurologique : pieds et jambes douloureuses, nuit et jour, entraînent de sérieuses difficultés à se déplacer. Un coup dur pour la sportive qu'elle a été. Jusqu'à la déclaration de

cette maladie, après 80 ans, elle ne se sentait pas vieille. Après 3 divorces et 4 enfants, elle perd donc graduellement de son autonomie, se bat, consulte, suit à la lettre les différents traitements, alors même qu'elle vit seule.

Et c'est là que le tempérament reprend ses droits. Lucidité, courage et bonne humeur chevillés au corps, elle décide de s'installer en Normandie, au bord de la mer, dans sa maison de famille. Ni l'humidité, ni la tristesse de l'hiver, ni l'isolement ne l'ont effrayée. Par chance, cette fichue maladie ne la prive ni de son plaisir de conduire, ni de l'indépendance que cette mobilité lui procure..

Observant que les ateliers d'écriture sont une nouvelle demande du public de tous âges et toutes régions, elle décide de faire une formation à Paris, pour animer ce type d'atelier dans son petit village normand. Succès immédiat.

Elle a retrouvé un public reconnaissant, enthousiaste et gratifiant. Non que ses pieds aillent mieux mais son moral a retrouvé son lustre. À chacune son lifting. Comme elle a quelques loisirs, et un vieux rêve à réaliser, elle décide de se remettre au russe. Elle trouve, à 30 minutes de chez elle, une prof fort sympathique qui l'accueille à son cours, et devient son amie.

Chapeau, Madame !

Lorsqu'on a aimé un métier une vie durant, cesser toute activité gratifiante du fait de l'âge peut se vivre douloureusement, davantage encore que le seul fait de vivre seul. Et quand les deux se cumulent, ce sentiment « d'inutilité » devient difficile à surmonter pour retrouver goût à la vie. Là le tempérament, encore lui, est décisif. Rebondir ou se laisser glisser.

« Le problème avec la solitude de l'âge, c'est qu'elle s'impose non seulement comme une évidence intime, mais par le fait des autres, ceux qui trahissent, qui désertent, se retirent, sombrent dans la maladie ou meurent », écrit Marc Augé dans *Une ethnologie de soi*. Paradoxalement, plus on vieillit, plus il devient vital d'avoir des projets. Ils redonnent un avenir, à un moment où la conscience du temps fini semble l'effacer. Exercer ses talents, en faisant confiance à la vie, aux autres, à soi, est alors le meilleur antidote. Le plus difficile, me direz-vous, n'est pas d'exercer ses talents mais d'en avoir. Pas si sûr. Je suis convaincue que nous en avons tous, à des degrés et dans des domaines divers. Mais rares sont ceux qui s'autorisent à le croire et à se lancer. À tout âge. Il n'est pas désagréable alors, de croiser une personne qui, elle, sait vous entraîner dans cette voie par son enthousiasme et sa confiance.

Et puis un talent, une compétence n'implique pas des performances pour en tirer des bénéfices. Il peut se nicher dans de petites choses,

Là le tempérament, encore lui, est décisif. Rebondir ou se laisser glisser.

manuelles – lorsqu'on a la main verte par exemple, aider une amie qui ne l'a guère à tenir ses balcons fleuris. Ainsi j'aime faire la cuisine, je n'ai jamais été formée nulle part mais inspirée par la joie que ma mère y prenait et donnait aux autres. Si l'envie m'en prend, j'y investis des heures sans la moindre hésitation.

Exercer ses talents est affaire de confiance en soi et d'audace.

Exercer ses talents est affaire de confiance en soi et d'audace. Certains la trouvent au berceau. D'autres jamais. Les plus courageux y travaillent et y parviennent.

« Ce n'est pas en soi qu'il s'agit d'avoir confiance, mais bien en la rencontre entre les autres et soi, entre le monde et soi en soi – que seule l'action rend possible », nous dit Charles Pépin dans *La Confiance en soi, une philosophie*. Je n'ai pas souvenir d'avoir rencontré la confiance à ma naissance, et on ne m'y a pas d'emblée encouragée. Mon éducation ne l'a guère favorisée. On m'a enseigné à me méfier des autres et à peu près de tout – chiens, bicyclette, toute nourriture non faite à la maison, etc., à l'exception des membres de ma famille.

Ce traitement était réservé aux filles. Ma nièce, devenue une excellente psychanalyste, aurait une thèse à écrire sur le sujet. Elle a vécu dans sa chair ce parcours du combattant pour en atténuer les dégâts – avec succès, mais en y laissant quelques plumes et des années.

Quant à moi, la psychanalyste qui m'a suivie 10 ans parlait à mon sujet de résilience. J'ai dû lui demander, dans les années 1980, ce que signifiait ce mot. Boris Cyrulnik n'avait pas encore publié son best-seller sur le sujet.

Ce sont les petites victoires remportées sur moi-même et les gratifications qu'elles ont rendues possibles – amoureuses, professionnelles, amicales – qui m'ont enfin aidée à rencontrer la confiance. Mais bien plus encore, l'âge qui est maintenant le mien. Cette nouvelle liberté dont je vous ai parlé, celle que procurent la confiance dans la vie et l'acceptation de l'âge, m'a permis de me lancer dans des expériences nouvelles.

La plus amusante, insolite pour moi, fut la série de petites vidéos *La minute Perla*, initiées et diffusées par Mylittleparis sur Facebook. Le propos ? Transmettre aux trentenaires « ce que la vie m'a appris » sur différents thèmes, qui vont du blues du dimanche soir au deuil. Ce fut un tel plaisir et, semble-t-il, un succès. Un livre est né ensuite. Merci à mes amies de Mylittleparis inspirées par mon âge, qui en ont eu l'idée et ont réussi à me convaincre.

Non, on ne devient pas forcément plus frileuse avec le temps. Bien au contraire, cette nouvelle liberté souffle des idées plus culottées.

Marie-France, 72 ans, créative dans l'âme, après avoir lancé, dirigé puis vendu 2 entreprises qui

Cette nouvelle liberté souffle des idées plus culottées.

ont connu un grand succès, vient de lancer une affaire d'un genre nouveau, au nom provocateur et plein d'humour, « Démodé » : on y trouve des choses intemporelles de grande qualité, hors mode – allant d'une bougie à des assiettes, en passant par un foulard ou un bijou. Pour une femme de mode, un pied de nez plein d'esprit à cet univers !

Se rendre utile en se faisant plaisir, le plus long-temps possible, ne tombe pas du ciel. Pour trouver la bonne idée, il faut en faire un projet vital avec l'énergie et le désir souhaités. Ce sont précisément ces deux ingrédients qui peuvent venir à manquer un jour. Sauf si un solide tempérament, nommé goût de la vie, vous permet de rebondir.

Quand mon père est mort, ma mère a dû apprendre à vivre seule pour la première fois. Elle avait 74 ans. Mariée à 14 ans, mon père, de 8 ans son aîné, faisait tous les achats du foyer. Elle n'avait jamais signé un chèque de sa vie, ne disposait pas du moindre budget. Sa dépendance était totale et lui avait lourdement pesé. Après 60 ans de vie commune, le vide était grand – malgré une forme de soulagement comme souvent dans ces cas, et l'apprentissage de l'autonomie nécessaire. Lequel fut ô combien facilité par une vie communautaire et familiale intense, à Jérusalem, où l'entraide est la règle. À chacun de mes passages, j'observais cette ronde humaine, chaleureuse et enviable, chez elle.

Reste qu'il faut s'habituer à dormir et à se réveiller seule dans un appartement. Ne pas traîner en robe de chambre mais s'habiller et se maquiller tôt dans la matinée. Prendre des repas seule, fût-ce rarement dans son cas. Elle faisait en sorte de toujours convier une amie, un petit-fils, une nièce ou des voisins. Voire tous à la fois. Quand la table est bonne, tout est plus simple.

Tant de changements à cet âge crée une perte de repères. Il importe d'en inventer d'autres, en balisant le futur proche d'activités, de dates, de délais. Ainsi l'horizon se dessine. Le passé se fait moins présent.

J'eus ainsi l'idée de proposer à ma mère un long projet, qui lui permettrait d'exercer ses talents et de les transmettre. Écrire ses recettes sucrées et salées, à la main, dans un cahier. Puis je l'aiderais à en faire un livre, qui porterait son nom, afin de le publier.

Elle n'avait jamais écrit une recette ou presque – la transmission était exclusivement orale dans notre communauté, au Maroc, où toutes les femmes cuisinaient mais où beaucoup étaient analphabètes. Ce fut le cas de ma grand-mère pas de ma mère qui, malgré son mariage précoce, a pu passer son certificat d'études. Son unité de mesure des ingrédients était un verre. Il faut savoir qu'il s'agissait d'un petit verre à thé à la menthe. Les Anglo-Saxons utilisent bien la fameuse tasse à thé *cup*, probablement pour la même raison.

Rédiger ses meilleures recettes, en grammes et centilitres, lui a pris 2 années. Puis nous avons réalisé le livre ensemble, à Paris, chez moi. Le photographe, devenu ami, a passé une quinzaine de jours à shooter les plats et à se régaler. 2 semaines de fête. Nous avons lancé l'ouvrage avec un éditeur, et ce fut un succès. Ma mère fut gratifiée et nous, comblés. Un vrai trésor, que je consulte souvent, depuis qu'elle n'est plus là.

Ainsi elle a écrit son premier et dernier livre à 80 ans. Moi, j'ai tourné ma première série de vidéos – les *Minutes* dont je vous parlais, à 72 ans. Il n'y a plus d'âge pour les « première fois ». Plutôt réjouissant.

Ione, psychanalyste à New York, à Genève et à Paris a choisi de devenir paysagiste en Provence, où elle s'est installée avec son mari à la retraite. Elle s'est révélée talentueuse ici comme dans les soulagements du mental humain. Et surtout heureuse. Outre la dimension esthétique de cette vocation tardive, il est prouvé désormais que la nature est une source de résistance au stress. « Son contact, tout comme avec l'animal, réveille la sensorialité, l'émotionnel, la conscience du corps », confirme la psychiatre Marie Romanens. Ainsi Ione est-elle passée de thérapeute soulageant les souffrances émotionnelles à paysagiste qui fait du bien à l'âme.

Amoureuse de la nature, elle s'est consacrée avec la même énergie à la défense de la nature du Luberon, dans le cadre d'une association. Elle a remporté de beaux procès contre les promoteurs gourmands. Après la mort de son mari. Elle y a même rencontré un amoureux, qu'elle a épousé depuis 7 ans déjà.

Pour JL qui, vous le savez, tient son journal depuis l'âge de 17 ans, l'ancrage dans le présent est l'écriture d'un feuillet, en fin de journée. Quel que soit le nombre de pages qu'il a noircies pour un livre dans le même temps. Discipline et rituel maintiennent également pour lui.

Ni JL ni moi ne cessons d'être actifs. Je ne m'arrêterai que si une incapacité due à une maladie me l'interdisait.

J'adore marcher, mais je n'aurais pas l'idée de m'embarquer pour un trekking au Népal. Plus que de défis, c'est de projets que j'ai besoin.

Les valeurs demeurent. Mais les priorités changent : qu'est-ce qui compte ? Qu'est-ce qui est essentiel ? Qu'est-ce qui ne l'est plus ?

Pour Ione aujourd'hui, à bientôt 80 ans, amour, famille, quelques amis, chiens, lecture, marche, yoga, séjour annuel à Venise, et « un grand détachement des choses ». En pleine nature.

L'âge décide. L'argent aussi. On se connaît mieux. Et on fait ce qu'on peut.

*L'âge décide.
L'argent aussi.
On se connaît
mieux.
Et on fait
ce qu'on peut.*

S'ALLÉGER
DES POURQUOI

« Le simple fait d'exister est une joie »

Jean-Jacques Rousseau

Y A-T-IL QUELQUE CHOSE À COMPRENDRE ? Quelque chose d'essentiel pour vivre j'entends. Quelques « points d'or » comme j'aime à les nommer, ayant emprunté cette expression au poète Joseph Delteil. Ma pente naturelle, vers laquelle je me laisse glisser agréablement avec l'âge, est de sentir. « Sentir, disait le sage, pas comprendre. » Pas toujours simple dans notre culture cartésienne qui a du bon. Mes origines orientales me favorisent dans la voie du « sans pourquoi ». La simple joie de vivre, en est l'illustration parfaite.

S'interroger sur le pourquoi des choses commence dès l'enfance, pour ne jamais s'arrêter. La religion, l'école, les parents, les études, la vie nous y incitent. Et dans notre culture, c'est la règle. Lorsqu'un enfant vient vous demander pour la première fois « pourquoi meurt-on ? », vous pouvez difficilement lui répondre ce qui est : c'est sans pourquoi. On s'en sort mieux avec le « comment ». Mais ça n'est pas sa question.

Il s'agit donc, si on le souhaite, de changer son regard, de faire évoluer son mental et d'accepter la vie telle qu'elle est, vieillesse comprise. Pour des bénéfices certains. D'ailleurs, peut-il en être autrement ?

Possible si on rencontre des textes ou (et) des personnes qui, ayant fait ce choix, vous semblent plus libres, plus joyeuses. Pour moi, ce fut comme la découverte d'une nouvelle constellation étoilée. Des pourquoi subsistent, mais pourquoi pas ? La perfection n'est pas mon projet. L'illusion, pas mon terrain de jeu.

10 ans de psychanalyse puis 10 ans à la tête du mensuel *Psychologies* ont d'abord « aggravé » ce questionnement. Questionner toute situation, toute relation, toute émotion était de mise. J'ai beaucoup appris sur l'âme humaine et assez sur moi pour toucher la limite du pourquoi et m'orienter, sans même en être consciente, vers une nouvelle expérience.

Je précise que le travail en thérapie n'a pas pour but, comme vous pourriez l'entendre parfois, de découvrir la psychanalyse comme discipline universitaire, satisfaisant ainsi une curiosité intellectuelle. Se rendre deux ou trois fois par semaine chez un thérapeute est suffisamment contraignant et coûteux pour ne s'y résoudre qu'en cas de réelles souffrances émotionnelles et relationnelles. Une bonne thérapie aide à mieux vous accepter telle que vous êtes pour mieux vivre, avec soi et les autres.

Le pourquoi des choses ne me préoccupe plus. Est-ce la fatigue du questionnement ? De réponses pas toujours satisfaisantes aux choses de la vie ? *Fatigue d'être soi*, selon Alain Ehrenberg ? Ou une simple évolution heureuse due à l'âge ? Tout à la fois, probablement. Ainsi que la lecture de textes de grands sages juifs ou bouddhistes, la rencontre avec Arnaud Desjardins à Hauteville, et surtout, grâce à lui, avec la pensée de Swami Prajnanpad, déterminante. Lisez *De l'autre côté du désespoir. Introduction à la pensée de Swami Prajnanpad* par André Comte-Sponville. Vous en sortirez transformée. Ou pas.

Quoi que je fasse, mon ignorance restera insondable. J'ai le sentiment que tout ce qui est essentiel est mystérieux. Naître, aimer, mourir. Et c'est bien ainsi : la seule pratique utile est celle de l'acceptation, de l'ouverture à ce qui advient. Dire OUI, y compris à l'âge – mon mantra. Et ça marche ! Une découverte. Un apprentissage à l'école du réel.

Une bonne thérapie aide à mieux vous accepter telle que vous êtes pour mieux vivre, avec soi et les autres.

*Ressentir
l'infiniment petit
des sensations,
provoquées
par une lecture,
une rencontre,
un moment
solitude ou
un moment
à deux.*

Apprécier le minuscule, ou ce qui en a l'air, quand seules « les grandes choses » semblent mériter le nom de succès ou de « vie réussie » est un changement de paradigme. Ressentir l'infiniment petit des sensations, provoquées par une lecture, une rencontre, un moment de solitude ou un moment à deux. Une nouveauté. Précieux. Délicieux.

L'acceptation du mystère, du destin. *Inch'Allah* n'est pas qu'une commodité de langage. Il nous a façonnés, nous Marocains, plus qu'on ne le croit. Renoncer au pourquoi est la première marche vers le lâcher-prise. Une marque de confiance dans la vie. Certains peuvent parler de croyance. Pour marcher avec fermeté sur un chemin, sans explication, il faut y croire. Et cette croyance est étayée de preuves, de sensations, non de prières. Ceux qui ont la foi, et j'en suis, n'ont aucun mal à accepter le mystère. Mais vous connaissez, comme moi, des hommes et des femmes qui, sans avoir LA foi, ont cette formidable confiance dans la vie, celle-là même qui donne confiance en soi et en l'autre. Sans avoir besoin de percer le pourquoi.

*Renoncer
au pourquoi
est la première
marche vers
le lâcher-prise.*

Dès lors que ça marche, on y croit. Pragmatique et simple.

Pourquoi (se) faire du bien ? Juste pour se faire du bien. Une sensation satisfaisante, agréable, libératrice, qui favorise le lien.

Pour cela il importe de se connaître, écouter sa petite voix nommée intuition, se faire confiance, ressentir. Ressentir, mais pas à tout prix comprendre.

*Ressentir,
mais pas
à tout prix
comprendre.*

Telle est la foi que je cultive, au quotidien. L'âge l'intensifie.

Les évidences pour soi sont difficiles à partager, faute d'arguments cartésiens. Les mots manquent. Mais l'envie de les transmettre me taraude. Il suffit d'être, et le mimétisme peut faire le reste. Un bon livre, par exemple : à moins d'être soi-même journaliste littéraire qui sait donner envie de lire, la meilleure chose est de l'offrir. Ainsi lorsqu'un livre me marque particulièrement, je l'achète en plusieurs exemplaires, et je l'offre à mes amis, en fonction de leur sensibilité. Mon plaisir est doublé.

Pas comprendre mais agir. Seule l'action nous tient en vie. Ralentir est une action. Contempler aussi. Le mystère est souvent plus éloquent qu'une démonstration. Il éveille davantage le désir.

J'ai appris à faire confiance à mes sensations, mon flair, mon intuition, ma dimension animale. Et à la vie.

Sans pourquoi. Mais non sans joie.

« Penser avec le cœur. Ressentir avec l'esprit ». Je n'y suis pas encore mais n'ai-je pas tout le temps devant moi ?

*« Penser
avec le cœur.
Ressentir
avec l'esprit »*

VIEILLIR
EST UN SENTIMENT...
GOURMAND

« Comme l'écriture, la cuisine est le lieu d'une métamorphose »

Maylis de Kérangal

« Tout l'intime demeure un mystère »

André Gide

FRANÇOIS SIMON, LE CRITIQUE GASTRONOMIQUE SANS VISAGE MAIS NON SANS TALENT, a intitulé l'un de ses livres « Manger est un sentiment »
Il me pardonnera, j'espère, de le plagier : vieillir est un sentiment. En essayant de trouver le mot juste, sans y parvenir, pour dire la complexité de cette expérience, le titre de

ce livre que j'ai beaucoup aimé, m'est revenu sous la plume.

Tout comme manger, l'âge est affaire de sensations. Plus que d'état civil. Les cinq sens sont convoqués. L'âme est éveillée. Tous deux vont piocher loin dans l'enfance leurs racines. Cuisiner et vieillir sont deux métamorphoses aussi. Pour le meilleur ou pour le pire. J'aime autant faire la cuisine que vieillir. J'aime aussi vieillir en cuisinant.

Je n'ai pas attendu de vieillir pour m'activer aux fourneaux.

La cuisine est le pivot de mon existence. Par sagesse, je n'en ai pas fait un métier, mais une journée n'est pas vraiment vécue dans la joie si je ne fais pas à manger.

Et ce depuis 50 ans.

Enfant, au Maroc, il y avait dans notre famille – comme dans tant d'autres – abondance de nourriture. Tout le reste était contingenté. Ma mère fut reconnue, célébrée pour ses talents culinaires. Par mimétisme probablement, j'ai reproduit ces gestes, en faisant une cuisine différente, en harmonie avec ma vie et mon époque.

La nourriture a toujours été mon centre d'intérêt prioritaire. Si je peux dire « je ne pense qu'à ça », c'est pour nourrir pas pour manger. Un univers de curiosité, de plaisir, de rencontres et de transmission. J'aime lire sur le sujet et en parler ou partager avec ceux qui brûlent de la même passion. Aller au marché, au restaurant, améliorer une recette à l'infini, plus d'une dizaine de recettes de tarte au chocolat, avant d'ajuster la mienne. Plus de 8 ou 9 recettes de madeleines différentes de grands chefs, avant de rencontrer celle de Claire Darmon, chef pâtissier de la maison « Des gâteaux et des pains ». La perfection. Je n'ai pas changé un gramme de quoi que ce soit. Je les ai nommées « madeleines parfaites ». J'aime aussi en essayer de nouvelles, organiser des ateliers cuisine avec mes amis, réfléchir au menu du soir et en parler avec JL. Respecter les saisons, attendre les asperges, les cèpes, les abricots ou les tomates plusieurs mois, pour les préparer à leur mieux. J'aime cuisiner, manger, servir, partager et entendre dire « c'est bon ». J'aime aussi écrire des livres de cuisine ou sur la nourriture, un essai notamment.

Développée le plus tôt possible dans l'existence, la disposition à accueillir ou pas ce qui se présente détermine la façon dont chacun vit et vieillit. Dans la rumination de ce qui n'est plus ou au contraire dans la découverte de cette « seconde vie » dont parle François Jullien. Quoi qu'il en soit, partager sa table est une excellente recette pour vieillir entourée.

Partager sa table est une excellente recette pour vieillir entourée.

« *Maman s'est sentie isolée vers 90 ans* », me raconte Ione. « *Un jour, j'étais chez elle, je lui ai dit : "Tu vois par la fenêtre, là-bas, il y a une dame. Elle a à peu près ton âge. Elle déjeune toute seule. C'est quand même trop bête que vous soyez toutes les deux toutes seules." Alors, elle l'a invitée à prendre un verre. Et elles sont devenues amies.* »
L'entourage peut parfois ne pas suivre !

« *J'adore faire la cuisine, comme toi* », sourit Marie-france « *Un jour, en vacances, j'avais acheté un bar, que j'avais fait cuire avec du fenouil. J'appelle mes sœurs, toutes les deux à la piscine. Elles ne viennent pas. Alors, je me déplace, et j'insiste. " – Bon, vous venez ?" " – Ah non ! Écoute, tu nous gonfles ! On n'a pas du tout envie. Nous, on a envie de manger une tomate !" Je les comprends aussi. Elles n'avaient pas du tout envie d'arrêter leur bain de soleil !* »

Vivre au présent

*« Vivre, c'est transformer en conscience
une expérience aussi large que possible »*

André Malraux

« *La sensation heureuse est le non-désir. On est en
paix. On connaît ses limites, les envies dont on
n'a plus envie. Faire du tourisme, voyager. Je l'ai
trop fait. Plus besoin de reconnaissance. Profiter
des moments de calme. De la densité des moments
réussis, souvent des moments où je suis seule* »,
*ainsi parle Ione, à presque 80 ans, contente de sa
vie et remariée depuis 7 ans.*
Ne croyez pas qu'elle soit désabusée pour autant.
Ione est joyeuse, pleine de curiosité et d'humour.
Elle a mal partout, n'en parle jamais, soulage
ses douleurs chroniques autant que possible, et
fait face à la vieillesse. Elle aime aussi dire « je
suis une vieille dame », mi-coquette mi-lucide.
Et quand je lui demande, si vous aviez une seule

envie à formuler, ce serait laquelle ?, « que le vieillissement s'arrête ». En attendant, elle vit intensément, consciemment « ses moments réussis ».

La vie qui avance est généreuse, quand on a la chance d'être épargné par la maladie. C'est le temps de perception de l'infiniment petit. Un univers en soi.

C'est le temps de perception de l'infiniment petit. Un univers en soi.

Paradoxal, puisque le temps est compté. Oui, mais nous pouvons davantage le prendre.

Jeune, la vie nous est offerte. Le temps semble infini, et nous, très pressés. En vieillissant, on a moins de désirs, du moins sont-ils plus simples, plus atteignables. Et nous vivons « le temps qui reste ». Il risque d'être long. Surtout pour moi, qui ne sais vivre que l'instant, la vie c'est un jour + un jour + un jour… Et fût-ce en bonne forme, je ne suis pas sûre d'en avoir envie encore 20 ans. Comme si la décision me revenait.

Moins tourné vers soi-même, cette nouvelle disponibilité permet de voir ce qu'on ne voyait pas. Autour de soi. De sentir ce que l'on ne ressentait pas ou trop peu. Des choses occultées par la jeunesse, trop occupée à construire notre vie – textes, lieux, personnes, paysages, silences. Le monde semble encore plus immense à découvrir, dans un temps rétréci. Pas forcément la planète. Juste le monde autour de nous. Comme Ione, j'aime moins voyager. Entre boulimie pour les uns et dégustation pour les autres, nous avons choisi, JL et moi – la qualité, la saveur et la mesure. À table comme dans cette nouvelle vie. Moins tournés vers soi, mais plus *présent* à soi et aux autres. Jeunes nous sommes plus narcissiques. Il me semble souhaitable de le rester un peu. Mais présent à soi est affaire d'intensité, pour être plus disponible à ce qui est. Un peu trop abstrait peut-être ? Tout comme pour écrire, un livre, une note ou un projet : si on y réfléchit le nez en l'air, il est peu problable qu'il se passe quoi que ce soit. Il faut s'y mettre, s'asseoir avec son ordinateur ou son cahier et son stylo ou crayon (tout existe) et gratter. Vous en jetterez peut-être la moitié, ou tout, mais vous aurez déclenché le processus. Seule l'action permet l'engagement.

La présence à soi est aussi un exercice à pratiquer. Une gymnastique dont on devient addict dès qu'on en mesure le bénéfice : l'intensité. Il s'agit d'être pleinement dans ce que l'on fait ou dit. Et seulement là-dedans. Plus c'est simple, plus c'est difficile. Il suffit d'y arriver de temps en temps. Matthieu Ricard, Christophe André et Alexandre Jollien le rappellent dans leur très beau livre, à maintes reprises, *Trois Amis en quête de sagesse*.

Une amie me dit : « Très souvent, tu fais ce geste avec la main, en te tenant droite, qui indique un

Moins tournés vers soi, mais plus présent à soi et aux autres.

Il s'agit d'être pleinement dans ce que l'on fait ou dit. Et seulement là-dedans.

sens de la tête aux pieds. Est-ce pour signifier que tu es le pivot de toi-même ? »

J'essaie d'être centrée, alignée, pour mieux *ressentir* l'instant présent. Je n'y parviens pas toujours, tant s'en faut, mais je m'y exerce. La méditation est, pour moi, l'exercice idéal pour progresser dans cette voie. Ce geste qui trace une ligne droite de la tête aux pieds indique une posture. La posture que l'on tient en zazen sur un zafu (coussin de méditation assez dur pour se tenir droit et ne pas s'endormir). Celle qui relie l'âme au corps. Une posture de vie. Se tenir droit, sans raideur, à l'écoute de son corps et de l'autre. Une cohérence. Une harmonie. Simple donc difficile, une fois encore. Mais possible.

Difficile à comprendre aussi. Je vais essayer de le dire autrement.

Les moments où je m'occupe de moi sont des temps pour me *sentir* bien, pour faire et être en *conscience*. Pour vivre. Je stocke ces sensations pour la journée. Elles nourrissent ma joie. Et ma relation aux autres. Elles me permettent aussi de mieux encaisser les contretemps ou pire qu'une journée peut apporter. Une aide précieuse, non ?

Dans les choses les plus simples du quotidien, habiter et vivre le présent de cette manière : s'investir, être consciente qu'être au lit avec l'homme qu'on aime est une chance folle, se le redire chaque jour, une sorte de miracle. Marcher, écrire, faire à manger, contempler... J'essaie de les vivre avec une joie profonde. Ne croyez pas qu'il s'agit de sauter au plafond. La joie est une énergie, la plus puissante que je connaisse. Quand je dis « profonde », cela veut dire qui vient du plus sincère de soi. L'âge offre cette possibilité à qui veut. Une des raisons pour lesquelles j'aime vieillir.

Tout ce que l'on vit à partir d'un certain âge est un cadeau. Si on prend la peine et le temps de le vivre – si on prend quatre secondes et demie pour se remettre en conscience.

Tout ce que l'on vit à partir d'un certain âge est un cadeau. Si on prend la peine et le temps de le vivre.

Oublier de « profiter » de ce rayon de soleil, son chien, son chat, ses petits-enfants, quand ils ont là, ou son amoureux, ça nous arrive à tous. Même nos chiens s'installent toujours à la même place, sur l'herbe, pour saluer le coucher du soleil. Chaque soir. Les observer est aussi une belle leçon. Le chat, lui, peut méditer à tout instant du jour. Quand il ne chasse pas l'oiseau, la souris ou l'orvet, pour m'en faire « offrande » jusque dans mon bureau. Il m'importe de *travailler* ce niveau de conscience pour que chaque jour qui passe soit vécu comme si c'était le premier. Comme si c'était le dernier. Ça n'arrive pas tout d'un coup, ni tout seul. Cela s'éveille, se convoque, se développe. Vivre en conscience est à la base des grandes traditions spirituelles. Nous n'avons pas reçu, hélas, ce type d'éducation au berceau. Et depuis le surgissement du téléphone portable dans nos vies, ça ne s'arrange pas. Il nous faut donc le vouloir, l'apprendre, le pratiquer, en mesurer les bénéfices et l'adopter, si nous en ressentons le besoin. Le tout avec humilité. Les progrès sont lents. Beaucoup n'en voient pas l'intérêt ; ils trouveront autre chose pour exister vraiment. Avec l'âge, cette pratique, fût-elle imparfaite, transforme réellement les jours qui passent. Parfois, ils me semblent plus longs et plus riches. Sinon, ils filent, comme le paysage le long des fenêtres du TGV.

La méditation est un bel entraînement pour y parvenir, mais pas seulement. Marcher longuement seul, en silence, ou écouter de la musique avec la pleine disponibilité qu'elle requiert… On peut s'appuyer sur des exercices, des pratiques, dont on repère qu'ils vous aident à revenir à la conscience du moment présent.

Les hommes ont inventé les robots parce qu'ils ont observé minutieusement leurs propres comportements. Répétitifs et inconscients. Nous fonctionnons trop souvent comme des robots. Plus on a vécu, plus on a répété des gestes, des expériences, plus on est robotisé. Un enfant, à qui on donne son premier Lego est dans une concentration exceptionnelle pour arriver à mettre le rouge avec le rouge ou le jaune avec le jaune. Mais on voit bien qu'ensuite, des automatismes se créent qui nous coupent, non pas de notre cerveau, mais d'un niveau de conscience qui fait que l'on effectue des choses sans les vivre vraiment. Tout progrès est alors empêché. Ce retour au *do-it-yourself* et à la cuisine traduit le besoin de lutter contre notre robotisation extrême, accélérée par notre vie numérique réactive dans l'instant, où que l'on soit, et par ailleurs fort utile. Nous frisons souvent l'impolitesse, lorsque nous répondons à table au « gling » d'un texto, qui pouvait attendre. Là encore, c'est parce que nous « effaçons » inconsciemment notre environnement humain. Nous ne sommes plus présents, conscients de la réalité. Ça m'arrive aussi bien sûr. Moins qu'avant. Reste que je rêve d'un nouveau code de civilité que je promets de respecter.

Les habitudes sont aussi utiles, un moment de répit à l'écart des décisions innombrables que l'on doit prendre en permanence. À dire vrai, elles structurent une vie.

Combien de fois, après une journée d'activités multiples, je dis à JL le soir : « J'ai l'impression que je n'ai rien fait aujourd'hui. » Il faut vraiment que je me concentre pour m'en souvenir. Tout s'est enchaîné, sans temps de prise de conscience, allant d'une tâche à l'autre.

J'aimerais inviter chacun et chacune à faire cet exercice, à n'importe quel âge bien sûr, dans une journée, le nombre de fois qu'il le pourra, fût-ce une seule : faire et penser à ce que l'on fait et seulement cela. Pas simple au début. Vous serez surpris par la manière dont vous regarderez et profiterez de ce que vous faites.

Après ces heures que j'ai passées comme une automate, un feu rouge s'allume dans ma tête qui m'invite à m'arrêter, prendre conscience de ce que je fais. Dès ce rappel à l'ordre, l'action d'après est vécue différemment. Parfois, lorsque je lis, je réalise que je suis depuis 15 minutes sur une même page dont j'ignore tout. J'étais ailleurs. Absence de concentration. On s'est habitué à lire, à corriger, à avancer, à tourner des feuillets, répondre ou plutôt réagir à des textos, de manière mécanique efficace.

Ce nouvel âge m'invite à vivre de tout petits instants. Ce nouvel âge m'invite à vivre de tout petits instants. Sans penser à l'action qui suit ni à celle qui précède. Des polaroïds de joie pure. Encore trop rares. Mais je progresse.

« Profiter », dans la civilisation de consommation qui est la nôtre, c'est faire plus de choses, avec une sorte de boulimie. Or, celle-ci vous coupe de toute sensation y compris la satiété. Danger !

« En conscience », c'est en faire moins, mais mieux. Avec une plus grande pertinence dans le choix, et un plus grand bénéfice.

Contrairement à ce que l'on nomme « intelligence artificielle » à propos des machines, l'intelligence du corps, elle, s'exprime avec satisfaction et ressenti dès que l'on agit en conscience.

« En conscience », ce n'est pas un état constant, loin de là – sauf peut-être pour Matthieu Ricard après des milliers d'heures de méditation. Et encore... Pour chacun d'entre nous, agir en conscience permet de vivre plus intensément. Quand on vieillit, ce n'est pas bête.

Agir en conscience permet de vivre plus intensément.

Avoir « une vie bonne », disait Montaigne, ne consiste pas à faire des choses extraordinaires. Mais apprendre à vivre des situations ordinaires et répétitives, avec un regard neuf, pour les sublimer et en faire parfois des moments extraordinaires. Quatre siècles plus tôt, au Japon, le moine zen Dogen, écrivait la même chose mot pour mot.

L'ordinaire est notre lot. Se donner comme projet de le vivre au mieux est l'ambition d'une vie. Y en a-t-il d'autres ?

L'ordinaire est notre lot. Se donner comme projet de le vivre au mieux est l'ambition d'une vie.

Hokusai, « le peintre fou » japonais (1760-1849), appartenait à l'« école du vulgaire ». Ainsi nommée, parce qu'elle réunissait des artistes qui peignaient un quotidien non sublimé. Réaliste ? Pas vraiment. Car, ils ne se contentaient pas, comme certains artistes de la Renaissance, de figurer des visages disgracieux ou des vieillards : ils accentuaient les traits, ponctuant ainsi la vieillesse d'un jugement de valeur.

Nous gagnerions à réduire la part des automatismes, pour vivre davantage en conscience. Le pas de côté avant l'action. Pas très naturel, au départ. On peut le ressentir comme une perte de temps. Mais très vite on réalise que nous gagnons du temps, en renonçant, de ce fait, à des tâches, des actions, des rencontres qui s'avèrent inutiles.

À un âge avancé, on a moins d'illusions. Ce n'est pas très grave, il en reste ! Et je suis persuadée qu'on continue peu ou prou à en forger de nouvelles. Notre vie peut s'arrêter dans trois secondes. Mais nous continuons à faire comme si nous aurons encore des années devant nous. Cette conviction a le mérite de nous faire tenir.

Pour certains, les deux actions, savoir être dans l'instant et se projeter, coexistent sans que cela soit paradoxal. Mes capacités étant limitées, j'essaie de vivre l'instant et c'est déjà beaucoup. J'ai fait un exercice signifiant à cet égard le mois dernier. J'ai refait mon testament qu'il est bon de réactualiser tous les 10 ans. On ne fait pas le même testament à 65 ans et à 75 ans. Ce qu'il y a lieu d'envisager, dans cet exercice, lorsqu'on le juge nécessaire et quel que soit ce qu'on laissera, est de l'écrire, comme si on allait mourir demain. Même à 75 ans, quand on se sent bien, c'est difficile. On se dit « et si je vis encore 10 ou 20 ans ? » Eh bien, je le referai.

Vieillir en couple

« Vingt ans d'amour c'est l'amour fol »

Jacques Brel

Vous connaissez probablement cette histoire, fausse, qui circule sur les réseaux sociaux. Barack et Michelle Obama sont dans un restaurant. Michelle s'éloigne quelques instants pour discuter avec le gérant. Ils rient, se prennent dans les bras comme deux bons amis. Lorsqu'elle rejoint son mari à table, il lui demande comment elle a connu cet homme. « C'est mon premier amour », dit-elle. « Tu imagines, si tu étais restée avec lui, tu serais femme de restaurateur. » « Non, dit-elle, il serait président des États-Unis. » Cette *fake new* rappelle, combien, dans un couple, pour que chacun se transforme au bénéfice du couple, l'investissement des deux est nécessaire. À cet égard, le couple Obama nous a paru exemplaire, tant ils faisaient équipe avec force et tendresse. Chacun à sa place.

JL et moi avons aimé faire ainsi équipe, dans les journaux que nous avons faits ·nsemble. Meilleure atmosphère, meilleurs résultats.

Vieillir en couple est combiner deux vieillesses.

Vieillir en couple est combiner deux vieillesses. Parallèles, différentes et pas toujours synchrones. C'est une chance, lorsque la différence d'âge est raisonnable. Six ans seulement entre JL et moi. Je connais quelques femmes qui ont 20 ans de moins que leur mari, le scénario est différent. D'autres n'auront pas connu cette expérience.

« Les vieux couples qui se tiennent l'un à l'autre dans la rue… Ça émouvait beaucoup mon i tri. Il me disait toujours : "Quand je vois des jeunes qui se bécotent, ça ne me touche pas autant" », me raconte Dominique. Et elle ajoute avec un voile dans les yeux : « Enfin, j'ai connu ça, quoi ! mais je n'ai pas connu le vieillissement ensemble. Et là, quand je vois quelquefois ces couples, ça me fait un… voilà, on a été privés de ça. Mais sinon, je n'ai pas manqué de l'essentiel. J'ai eu une très belle vie. J'ai eu des épreuves, comme tout le monde. Personne n'en est épargné. »

Marie-France a perdu son mari à presque 68 ans. Elle non plus n'aura pas connu le vieillissement à deux, ou si peu. Mais elle aura eu une vie de couple très riche, et surtout une vie de famille, qu'elle aime par-dessus tout. « Le bonheur de ma vie, c'est d'avoir été conditionnée par un discours selon lequel le bonheur était d'avoir des enfants. Mes parents en étaient l'illustration. Ils étaient très amoureux. On est une famille nombreuse et heureuse. Mon avenir était donc tout tracé : aimer un homme, avoir des enfants... Et les choses se sont passées exactement comme ça. Après, évidemment, je ne te dis pas que par moments tu ne te disputes pas avec ton mec... On ne va pas dire que c'est un long fleuve tranquille, mais quand tu as de l'amour, de l'admiration, que tu t'entends bien... »

Après ces paroles fortes de Dominique et de Marie-France, j'ose à peine dire que je vis et vieillis en couple, dont beaucoup disent qu'il est fusionnel, porté depuis plus de 30 ans par un amour, une complicité, une conversation et une confiance qui font le ciment de notre histoire. Peut-être grâce à nos différences et à nos tempéraments compatibles.

Jusque-là nous avons eu la courtoisie de ne pas être malades ensemble. Merci la Providence. Nous sommes (presque) guéris l'un et l'autre de nos bobos respectifs, l'occasion d'organiser notre vie différemment. Nous avons tout juste commencé notre « seconde vie ». Cette nouvelle manière d'habiter le temps, sans la responsabilité d'un journal, nous la dégustons déjà. Preuve que c'était le bon moment. L'oisiveté ne nous menace pas pour autant, mais nous nous réinventons en écrivant, en consacrant plus de temps à la famille-nombreuse, et à quelques amis très chers.

Ce désir d'être ensemble, secret d'un couple qui dure, est cultivé aussi par un aménagement de notre espace/temps de vie. Pour nous, essentiel. Nous partageons un même lieu de vie, mais comme nous écrivons à la maison, nous avons chacun notre bureau.

Vivre des heures dans des environnements respectifs – fussent-ils minuscules mais séparés – et se retrouver à l'heure du thé et du dîner est un bon rythme. Bien qu'aucun de nous n'hésite à rendre visite à l'autre, chaque fois que nécessaire, je vous rassure.

JL surtout, je le reconnais. Au journal aussi, il allait régulièrement dans le bureau de la rédaction, à l'étage en dessous, sans but particulier si ce n'est celui de discuter, d'encourager, de répondre à une question ou de rire. Il a besoin de contact. D'où son amour pour les chiens. Depuis sa naissance, il a toujours eu un chien, parfois 2, voire même 3. Le chenil nous menace.

Moi, j'ai besoin d'alternance entre proximité et distance – j'aime les chats. Pour la joie de *se retrouver*. Casser les routines. Il en reste toujours trop – c'est pourquoi j'invite à en changer le maximum en rituels. Conscience et imagination sont requises. Nous y parvenons, souvent. Marc

Augé, toujours lui, un de mes soleils écrit ceci :
« La routine c'est l'habitude sans accident [...]
une paresse. »
Autre « secret » pour bien vivre la chance de
vieillir – comme celle de vivre – en couple. Des
solitudes de quelques jours, 2 ou 3 fois dans
l'année. « Accidents » pour relancer le moteur
nommé désir. Précieux pour moi Moins pour
lui. Même s'il y prend goût avec l'âge, et la
pratique. Ça me réjouit et me déculpabilise. Être
différents, contrairement à ce qui est admis, est
un autre secret des couples qui durent.
L'essentiel dans notre couple reste évidemment le regard aimant, réciproque et inchangé
que nous avons l'un pour l'autre. Un vrai
cadeau que j'accueille chaque jour avec une
gratitude infinie. La vulnérabilité due à l'âge
nous donne le sentiment qu'il se renforce.
Encore une idée reçue à laquelle j'aimerais
tordre le cou : la lassitude programmée par
le temps au sein d'un couple. Il arrive que les
liens se bonifient, au contraire. Preuve qu'ils
évoluent. Chacun apprend à s'ajuster à l'autre.
Une vie n'y suffit pas. La passion n'est pas
l'amour, est-il besoin de le rappeler ? Il est
vrai, mon couple est singulier, tardif et sans
enfants à élever.
Vivre en couple est un moteur de transformation puissant. Vieillir en couple est une école

*Vivre
en couple est
un moteur de
transformation
puissant.*

*Vieillir
en couple est
une école
de maintien.*

de maintien. De vigilance extrême pour être au mieux de soi.

Le regard, le désir, le fait de prêter attention à tout, à la coiffure, à l'allure... Rien n'a changé. S'intéresser au travail de l'autre – il est mon premier lecteur et moi aussi. Et désormais, à la santé de l'autre.

Quant à la séduction amoureuse, depuis ma rencontre avec Jean-Louis en 1987, elle est sortie de ma vie – sauf avec lui. Pas de manque, puisque je n'en prends conscience que sous la plume. Je suis probablement passée à une autre étape. Notre couple remplit ma vie. Ma plus belle expérience parce que folle – moi qui le suis si peu. Pour moi, la plus forte des aventures humaines.

Mais, me dit-on, « Il y a une époque où le regard des hommes se met à glisser. C'est peut-être bien là qu'est le vieillissement. »

Dominique et son mari avaient pris le parti d'en rire : « Quand j'ai eu 50 ans, on a plaisanté avec mon mari. Il m'a dit : "Maintenant, je vais mettre une petite annonce : échange femme de 50 ans contre deux de 25 !". » Coquetterie exclusivement réservée aux couples amoureux.

Ce regard qui glisse, je ne le vois pas, puisque je ne le cherche ni ne l'espère. Il est rare que quelque chose vous arrive si vous n'en cultivez ni désir ni fantasme.

La séduction, à mon humble avis, est un état de grâce, qui fait que des gens – hommes femmes, enfants, dans le milieu professionnel, amical ou amoureux, se sentent bien les uns avec les autres. C'est un trésor qu'il y a lieu de préserver jusqu'au bout du chemin. L'atout majeur ? La joie de vivre.

Ma mère est toujours restée dans cette forme de séduction, malgré l'âge, les maladies et la peau ridée. Enthousiaste dans la vie, elle a été une très belle femme au sourire lumineux, animée d'une curiosité. Très coquette, je lui offrais des crèmes, des foulards, de tout. Elle avait un sens inné de l'élégance. Comme elle vivait dans un quartier populaire, elle se faisait remarquer. Elle ne détestait pas. Tant d'amies m'ont parlé d'elle, après sa mort, en termes admiratifs. Elle savait séduire, enfants compris. Elle les aimait. Mon père, qui avait un charme fou, s'est davantage éteint en vieillissant.

Elle m'a même fait comprendre lors de nos tête-à-tête à la fin de sa vie qu'elle avait eu une bonne entente sur le plan sexuel avec mon père, jusqu'au bout. Pour lui, me dit-elle, ça comptait beaucoup. C'était la première fois que ma mère évoquait ce sujet. J'étais sidérée. À la maison on ne parlait de rien, ni du corps, ni de sexualité, ni des règles, rien de ces « choses-là ».
La vieillesse libère vous dis-je.

La vieillesse libère.

Ces « choses-là », pourtant, comptent. Et ont leur place dans un couple qui dure. Elles évoluent simplement. Nous savons, depuis peu, que la sexualité dans la grande vieillesse se pratique plus souvent qu'on ne croyait. Heureuse nouvelle. *« Je n'ai connu que mon mari, qui était un amant formidable. On a tout inventé », me confie une amie septuagénaire. « À 69 ans, quand il est mort, c'est l'une des choses qui m'a manqué le plus. Mais en même temps, la vie est bien faite : tu n'as pas les mêmes hormones à 60 ans qu'à 20 ans ! »*
Marie-France, beaucoup d'allure, se sent « plus libre du regard des autres » : « Avant, quand je passais devant une terrasse de café, je me demandais si j'étais "assez"... enfin, tu vois, on te regarde quand tu es jeune ! Je fais toujours attention à mon apparence, mais c'est un peu moins sensuel, libéré de ça. Au final, le regard des hommes te concerne toujours. Et des femmes aussi ! »
Libre ! Toutes me l'ont dit spontanément.
Les hommes sont tout aussi attentifs à cette séduction. Ils prennent de plus en plus soin de leur corps, de leur esthétique, de leur vieillissement. C'est bien ainsi. Je vis avec un homme extrêmement soucieux de son physique, de sa santé, de sa séduction. Il est beaucoup plus dans un champ de séduction déclarée. Une posture masculine qui m'enchante, parce que différente de la mienne. Il a besoin de plaire.

Vieillir à deux, lorsqu'on s'aime, est une chance dont nous parlons chaque jour ou presque. Ensemble nous discutons de notre avenir, en fait de notre aujourd'hui, et de la meilleure façon de l'habiter.

Avoir davantage le sentiment de commencer une nouvelle aventure plutôt que d'en achever une est affaire de regard sur la vie. Un tempérament, certes, qui se cultive. Et nous le partageons. Comme bien d'autres choses : le sens de la beauté, de la famille, de l'humour.

Finalement, la part commune de notre tempérament nous a portés à protéger notre vie d'ermites. Notre bien le plus précieux.

Chaque matin, quand j'arrive à la table du petit-déjeuner, j'ai l'impression de vivre une rencontre amoureuse. Je m'y prépare. Certains matins, cela requiert des efforts, d'autres moins. La réciproque est vraie. Nous en parlons d'ailleurs, parfois.

Depuis que nous sommes l'un septuagénaire, l'autre octogénaire, ce qui a le plus changé dans notre vie est le soin que nous portons à des proches que nous aimons, ceux qui vieillissent plus difficilement, tout comme ceux qui vont bien. Nous avons la chance d'être encore en forme. Il est normal que nous les accompagnions. Veiller sur eux prend du temps. Mais un temps qui nous fait du bien aussi. J'observe que nos dîners – lorsque nous ne sommes pas seuls – sont essentiellement consacrés à ces personnes.

Vieillir à deux, plus encore que vivre à deux, change tout.

Vieillir à deux, plus encore que vivre à deux, change tout.

Un conjoint aimé qui part « avant » marque nécessairement une rupture profonde. Comment ne pas l'appréhender ?

« *Une chose m'a beaucoup frappée quand mon mari est mort. Le premier supermarché que j'ai fait, je ne savais pas quoi acheter. Il fallait acheter uniquement pour moi. J'y ai croisé un ami et j'ai fondu en larmes* », témoigne Ione.

L'inconvénient majeur avec l'âge au sein du couple, c'est qu'au cours de toutes ces métamorphoses, qui sont la vie même, la vulnérabilité augmente. J'en viens à souhaiter, égoïstement, de partir avant lui. Alors oui, comment ne pas penser à la légende grecque de Philémon et Baucis ? Un couple chaste de vieillards si pauvres qu'ils vivaient dans une cabane. Ayant offert l'hospitalité à Zeus et Hermès, ils émettent le vœu de ne pas être séparés dans la mort. Il fut exaucé. Et à leur mort, les voilà changés en arbres qui mêlent leur feuillage. Lui en chêne, elle en tilleul. Joli, non ? Si je puis faire un vœu, à mon tour, j'aimerais que nous soyons deux oliviers. Une de mes petites victoires, qui prennent une tout autre dimension avec l'âge : je n'ai pas souvent perdu de vue mes priorités dans la vie. Ma vie privée l'a toujours été pas ma carrière. Du reste je ne sais pas ce que signifie une « carrière » : j'ai fait le job qu'il m'a été donné de faire. Atterrissant dans la publicité et les magazines féminins après avoir fait du droit public me laisse à penser que j'aurais pu faire mille autres choses. J'y aurais trouvé le moyen de m'amuser.

Ma priorité est celle-ci : cultiver ce jardin privilégié et difficile qui s'appelle un couple, y compris travaillant ensemble. Tellement prioritaire que, même en étant associés financièrement, j'ai toujours considéré JL comme le chef. Ce fut mon choix. Il m'est arrivé de le regretter. C'est le jeu. J'ai appris à donner plus clairement mon point de vue, qu'il me demande toujours.

Travaillant ensemble, j'ai été préservée de ce poids si lourd, porté par les femmes : se sentir écartelée entre vie professionnelle, vie de couple. Pas eu non plus l'envie de devenir quelqu'un d'autre. Devenir moi-même m'a suffi comme chantier toujours en cours. Tout ça est en ordre. Je l'ai voulu, j'ai fait les renoncements nécessaires pour vivre en couple.

Je ne me suis pas mariée à 18 ans, mais à 43. J'ai choisi de ne pas avoir d'enfant. Telle est mon histoire. Je vieillis aussi avec elle. Dans mon imaginaire de vie heureuse, il y a toujours eu un couple amoureux et durable. Il faut être deux pour que cet équilibre se trouve et se construise. Jean-Louis avait eu, lui, la bonne idée de faire ses 4 enfants avant de me rencontrer. Quand je suis arrivée dans sa vie, les deux plus jeunes avaient 13 et 14 ans et les deux grandes 23 et 24 ans. Je ne suis pas arrivée dans une famille où il y avait des tout petits dont il fallait que je m'occupe. Je n'y serais pas rentrée. Je le sais. Déjà, avoir mes propres enfants ne me semblait ni à ma portée, ni dans mes priorités. Mais les enfants des autres, c'est aussi très compliqué. Nous avons mis des années à nous trouver, mes beaux-enfants et moi-même. Aujourd'hui, c'est fluide et tendre. J'ai été heureuse de faire ce chemin. Elles aussi. Tout comme celui du couple. Faire mentir « l'impossible » est une jubilation. Sans doute recueille-t-on tous ces fruits l'âge venant. Il faut du temps pour franchir les obstacles. Certains seule, d'autres à deux. Cette paix qui s'installe est une découverte de l'âge. Elle m'a libérée. Mon amie Sophie, que je vois tous les jours, traduit cet état à sa manière « vous avez rajeuni », me dit-elle. Et je réponds invariablement « j'ai pris 5 kilos ».

Quant aux rencontres amoureuses tardives, si elles sont rares – moins depuis Internet – elles existent : Ione, je vous l'ai dit, a rencontré un amoureux, veuf, comme elle, à plus de 70 ans.

Ils animaient ensemble une association. Mariés et heureux depuis 7 ans.

Françoise, son mari l'a quittée. Après plusieurs années d'une vie difficile avec lui, et un an toute seule, mais toujours très active, elle rencontre, à un dîner chez des amis, un vrai amour à 62 ans. Ils ne sont pas mariés, ont chacun leur appartement, leurs enfants et petits-enfants. Et la vie est belle !

L'ALLURE,
PLUS QUE JAMAIS !

« Si une femme est mal habillée, on remarque sa robe, mais si elle est impeccablement vêtue, c'est elle que l'on remarque »

Gabrielle Chanel

IONE, ARTISTE DANS L'ÂME (et dans son passeport), 79 ans : son point de vue sur la vieillesse est celui d'une esthète. « Dès l'âge de 25 ans, j'ai essayé, avec mes enfants, de dissocier vieux et moche. Une tâche difficile, dit-elle, tant les deux sont liés. »
Les deux *étaient* liés : aujourd'hui, les exceptions sont nombreuses.
Pour Ione, vieillir se résume à « La classe avant tout... La classe à la place du minois. » Elle ajoute : « J'ai été très aidée dans ma vie par des modèles. Ma mère, une très belle femme, a été un modèle négatif au sens où je ne voulais pas être une mère

au foyer. Mais comme elle a très bien vieilli, oui, elle a été un modèle. Une autre femme aussi, qui a été psychanalyste. Elle a eu de la classe, jusqu'au bout. » Marie-France, qui comme vous le savez, a une allure folle, parle aussi de l'importance de ces modèles de vieilles dames, ses tantes, car sa mère, fort belle, est morte très jeune, à 59 ans : « *Des dames très jolies, très élégantes, qui sentaient bon ! »*

Oui, l'allure nous sauve. Trouvant une nouvelle aisance, il est possible de rayonner d'une autre forme de séduction.

Ne jamais me restreindre, ni dans un vêtement ni dans une chaussure. Tel est mon instinct. Me sentir libre de mes mouvements, de préférence mains libres, non pas pour téléphoner, je le fais rarement dans la rue, mais avec un sac en bandoulière si possible, confortable dans ce que je porte. Cela donne confiance. Un fond de teint, quand j'en utilise, qui ne me tiraille pas la peau. Une coiffure, à laquelle je ne pense plus, une fois coiffée. Suivre mon instinct, pas la mode à tout prix. Je m'en inspire. Mais à vouloir la suivre, vous vous perdrez. Cindy Joseph, qui « n'a plus 20 ans depuis longtemps », chantait Serge Reggiani, a créé sa marque de cosmétiques *Pro-Age*, pour les femmes qui assument leur âge Elle dit, dans *ELLE*, cette chose juste : « Les gens remarquent bien plus comment vous vous sentez que ce que vous portez. » Et ajoute : « Quand j'ai arrêté de me teindre les cheveux, je me suis sentie plus *libre*. Et c'est là qu'on m'a proposé d'être mannequin ! » Une jolie histoire, qui devrait convaincre celles qui se battent contre des moulins à vent : leur jeunesse éternelle.

Je vous ai déjà parlé d'Iris Apfel, 97 ans. Elle fait la une des magazines américains, mais pas seulement, pour son style extravagant et inimitable. Elle a fait de son physique singulier, un atout. En le soulignant à loisir. Celui qu'elle s'est créé en s'amusant avec couleurs, bijoux et lunettes géantes. Jamais on ne détecte chez elle l'intention de rester jeune. Alors même que son audace, son humour et sa célébrité pourraient être attribués à la jeunesse. Elle suit son instinct, est devenue libre, s'est forgée une personnalité, et ainsi est un personnage.

Vous connaissez ma priorité : me sentir au mieux de moi pour rester reliée aux autres. Un jour, j'ai découvert que c'était dans la couleur blanche que j'étais au mieux de mon énergie. J'ai suivi cette route. Depuis 25 ans, je porte du blanc exclusivement. La couleur que ma peau a choisie. Un peu extrême, elle me met dans mon énergie. Et me simplifie la vie. Non, on ne se tâche pas davantage en blanc qu'en bleu ou en noir. L'avantage est que ça se lave, à peu près quelle que soit la matière. Doudoune comprise. Enfin, en blanc, JL me reconnaît toujours gare de Lyon, lorsqu'on se perd dans la foule, ce qui nous arrive souvent. Et si ça me donne un style, je ne m'en plains pas.

Chaque femme sait qu'elle possède un vêtement ou une tenue dans laquelle elle se sent au mieux d'elle-même, elle peut vous l'indiquer les yeux fermés. Ni le plus cher, ni le plus joli, ni le plus mode ; celui dans lequel elle se sent bien. Presque un porte-bonheur. Tout ça peut paraître superficiel ? Essentiel comme tout ce qui est quotidien. « Les futilités » ne sont-elles pas une réponse au tragique de l'existence ? J'en abuse parfois. Seuls mes placards s'en plaignent. Alors même que j'en donne régulièrement à des femmes que j'aime et qui ont ma taille. Les vider davantage pour m'alléger, est encore au stade de projet. Pourtant cette sensation m'est chère.

L'allure, avec l'âge n'est pas vraiment négociable. Celle que je me suis bricolée avec le temps et à laquelle je me tiens. Ni à la mode, ni démodée. Priorité à la douceur des matières, et la facilité d'entretien. Affaire de confort, de sensualité et de commodité.

Pas d'allure sans aisance. Plus la règle est simple, plus on la respecte. Liberté, simplicité, fidélité. À moi-même.

Pas d'allure sans netteté. Une seule coiffure : cheveux tirés, avec ou sans raie de côté selon l'humeur. Coiffeur une fois par mois pour la

Liberté,
simplicité,
fidélité.
À moi-même.

couleur. Là aussi, fidélité à Sandra depuis plus de 20 ans. On pourrait se dire qu'à mon âge, il vaudrait mieux avoir les cheveux plus courts, comme on l'entend parfois. Peut-être. Mais ma nature de cheveux, trop fins, ne s'y prête pas. Et puis, mon amoureux serait très contrarié. Ça compte. Enfin, j'ai décidé de laisser mes cheveux blancs vivre leur vie. Je verrai dans quelques mois, si je confirme ou pas. JL aussi s'interroge. Vieillir procure un bénéfice non négligeable : on se connaît mieux, on choisit mieux et on se simplifie la vie.

Je viens de découvrir une nouvelle marque de cosmétiques de soin : mon rêve depuis toujours, un produit pour chaque saison.

Ça tombe sous le sens, non ? Un seul produit, naturel, sur mesure en fonction de votre peau. On répond à un questionnaire, on s'abonne, le tout sur Internet exclusivement, et à votre nom. Simplissime.

J'en ai si souvent parlé aux grandes marques avec lesquelles j'ai travaillé. Mon histoire de saisons les faisait bailler. Et voilà ça existe !

Se sentir libre, bénéfice premier de l'âge. L'allure, toujours nette, est inséparable de cette liberté qui émane de vous. Votre vêtement y contribue. Plus que jamais. Les nike aussi... stylisée par ma créatrice préférée, japonaise, depuis toujours Rei Kawakubo.

Se sentir libre, bénéfice premier de l'âge.

QUESTION D'ÉNERGIE

*« La vieillesse c'est pas fait pour les
mauviettes »*

Bette Davis

« MA VIE N'A PAS VRAIMENT CHANGÉ. *Mes journées se
déroulent à peu près de la même façon »*, me dit
Dominique, 82 ans.
Marie-France, 74 ans, je vous l'ai dit, vient de
créer une nouvelle affaire avec sa belle-fille et se
débrouille toujours pour aider les plus nécessiteux.
En France comme à l'étranger. À Madagascar, elle
a fait des choses admirables, pour éduquer les filles.
Françoise, femme engagée, même âge, intervient
entre autres dans le cadre de l'association Force
Femmes pour aider les femmes de plus de 45 ans
à trouver un travail. Après tout ce que nous venons
de dire, 45 ans c'est vraiment à mi-vie. Autant dire
en pleine forme.
Tant que l'on est dans une énergie convenable,
le passage à la vieillesse est indolore. Yvonne,

Tant que
l'on est dans
une énergie
convenable,
le passage
à la vieillesse
est indolore.

notre doyenne de 94 ans, confirme : « Depuis cette année, je fais attention en me levant. Mais tant qu'on est active, on n'est jamais vieille. » Pour moi, le vrai changement est celui qui m'oblige à revoir mes rythmes de vie. J'ai le sentiment réel de vieillir, quand je me sens moins d'énergie. Ceux qui m'entourent trouvent que j'en ai trop. Affaire de sensation. Vous le savez, comme pour les kilos « en trop » on ne se voit jamais comme les autres vous perçoivent. Selon Cioran qui avait toujours le mot pour rire et si juste écrit : « Si l'on pouvait se voir avec les yeux des autres, on disparaîtrait sur le champ » Je suis en train de réaliser qu'il m'est possible de vivre à un autre rythme : me lever trois quarts d'heure plus tard le matin, c'est délicieux. Écouter et respecter davantage mon corps – quand je sens un coup de mou je me pose. Parfois seulement. Un apprentissage.

C'est le changement qui m'est le plus difficile à accepter. J'apprends à faire les choses à un tempo différent. Je suis plus ralentie, le matin surtout. J'ai besoin d'être au lit très tôt et de me lever un peu plus tard. Grande première dans ma vie ! JL aussi. La vie sociale s'en ressent. Recevoir des amis à dîner, je le fais une ou deux fois par semaine maintenant, alors que je pouvais le faire davantage. Yvonne, cuisinière comme moi, me rejoint sur ce point : « À mon âge, on a des angoisses : je ne peux plus recevoir 12 personnes à dîner ! »

Le changement le plus pénible : cette baisse d'énergie altère parfois mon humeur. Ce dont je riais hier m'agace plus souvent aujourd'hui. J'ai des moments de ras-le-bol, inconnus jusque-là. Ce nouveau décalage entre mes envies d'entreprendre et ma capacité physique à les réaliser, me contrarie. Je ne me reconnais pas. Je finirai par m'ajuster. Des réglages sont nécessaires pour parvenir à une nouvelle harmonie. Heureusement ce changement je le vis plus fortement qu'il n'est perçu. Qui a envie de peser sur ceux qu'on aime ?

Si j'essaie de dater ces transformations, je tombe toujours sur l'année du cancer. Coïncidence ? peut-être. J'avais 72 ans. Depuis, mon corps vieillit plus vite. Je m'en occupe davantage. Je m'applique à des gestes, des soins, des pratiques, pour me sentir mieux. Mais je ne suis pas atteinte dans mon mental. La raison en est simple, mes changements n'atteignent pas notre couple. Le regard de JL m'est essentiel. Lui, accepte, depuis peu, son vieillissement, tout en ayant une discipline d'acier qu'il a toujours eue : mange peu et fait beaucoup d'exercices quotidiens. À 80 ans, il ne fait pas du tout son âge. Dans cette phase de vie, l'amour est soumis à rude épreuve, ça passe, ou ça casse, ou ça s'éteint doucement. Je ne recommande pas la tiédeur.

Prendre conscience de ces évolutions, commencer à les accepter, fait redescendre la tension de plusieurs degrés. J'essaie moi-même de me dire : « Stop … ». J'allume un petit voyant rouge quand je monte en mayonnaise, généralement pour rien : « Qu'est-ce que je suis en train de dire-là ? Qu'est-ce que je suis en train de faire ? Tu es qui, toi ? »

Puis j'éclate de rire. L'énergie revient et hop, je passe à autre chose.

LA JOIE DE VIVRE,
MON CAPITAL VIEILLESSE

*« Ce n'est pas parce que la vie est
bonne qu'il faut se réjouir, pourrait
dire Spinoza ; c'est parce qu'on se
réjouit qu'elle paraît bonne et qu'elle
l'est en effet, pour qui l'aime »*

André Comte-Sponville,
L'Inconsolable et autres impromptus

LORSQU'YVONNE, NOTRE DOYENNE DE 94 ANS, *dit à ses
petits-enfants* « J'ai pris un coup de vieux », *ils
lui répondent :* « On s'en fout, tant que tu peux
déconner avec nous. »
Avec l'âge, la joie de vivre devient capitale. Un
« capital vieillesse », comme on dit un « capital
soleil ». Autant j'ai bien entamé le second, la
faute aux longs étés d'enfance sur les côtes
marocaines, sans écran total. Ça n'existait
pas. Autant mes réserves de joie sont intactes.

Mieux : il me semble qu'elles s'accroissent avec l'âge.

Comme le soleil, la joie rayonne. Elle crée du lien, de l'élan vers autrui, du désir. Elle régénère. Elle est contagieuse. Elle guide nos pas, nos choix. Elle ne s'explique pas. Le tempérament – toujours lui – y est pour beaucoup. Mais pas que. Il appartient à chacun qui en a la graine de la jardiner – en rencontres, en activités, en plaisirs. Il arrive qu'un nuage passe. Mais elle resurgit et c'est toujours le bon moment.

Enfin, la joie sait faire face au plus difficile : aimer la vie telle qu'elle est, dimension tragique comprise.

Aimer la vie telle qu'elle est, dimension tragique comprise.

J'ai la chance d'avoir rencontré des femmes de plus de 70 ans, à l'allure certaine et au sourire contagieux. Des soleils qui m'ont marquée, modelée par mimétisme plus que par volonté. Certaines sont toujours dans mon cœur, même si la vie nous a éloignées.

Une de ces femmes aura compté au moins tout autant que ma mère et ma grand-mère. C'est ma tante, jeune sœur de ma mère, qui vit à Jérusalem. Elle a 86 ans. Je vais la voir une fois par an, et nous nageons ensemble dans la mer Rouge. Son prénom ? Fortunée. Ça ne s'invente pas.

Peut-on apprendre la joie ? Je ne sais pas. Mais j'ai la certitude que ma tante Fortunée me l'a transmise.

Nous n'en manquions certes pas à la maison, malgré l'atmosphère un peu baroque qui y régnait. Mon père avait un charme fou, il savait être drôle, tout autant que coléreux et autoritaire. Musicien à ses heures, il jouait du luth, d'instinct, avec ses copains, et chantait juste. Tout ça chez nous, dans une seule pièce à vivre. Et pourtant c'est ma tante Fortunée que je mets à cette place : professeure de joie, en toute circonstance et tout au long de sa vie, drames compris. Parce qu'elle formait, avec mon oncle, le seul exemple à mes yeux de couple réussi et qui s'aimait, elle occupe cette place à part, dans ma vie. Avec leurs 7 enfants, ils sont une famille magnifique et toujours soudée. Mon oncle, l'Alzheimer a eu raison de sa vitalité et l'a emporté. Elle a veillé sur lui jusqu'au bout, à la maison. Avec le même sourire, la même disponibilité. Tournée vers les autres, elle ne s'est jamais plainte de n'avoir pas travaillé. Femme au foyer, elle a élevé 7 enfants lesquels lui ont donné 35 petits-enfants, sans compter les arrière-petits-enfants déjà nombreux. Rire et servir sont ses raisons de vivre.

J'ai besoin de la voir. Souvent. De me frotter à elle. D'éclater de rire avec elle. De nager avec elle. J'ai le sentiment de vivre plus intensément. Elle incarne ce principe de vie qui m'est si cher, l'acceptation joyeuse de la réalité, fût-elle tragique. Mal comprise dans notre civilisation où l'on ne progresse que dans le combat. Je fais une différence entre agir – vital, nécessaire, utile – et combattre, une *façon* d'agir qui ne s'impose pas pour faire avancer les choses. Trop souvent, il est fait usage d'un vocabulaire guerrier pour désigner de simples actions, fussent-elles vitales. Ainsi on entend souvent : « Elle se bat contre son cancer. » Elle fait ce qu'il y a lieu de faire, avec courage, le mieux possible et dans les temps indiqués. Affaire de langage, mais est-il innocent ?

Être malheureux, contrarié, ou pire avoir le sentiment qu'on ne mène pas la vie qu'on aurait voulu mener sont sources de vieillissement avant l'âge. La joie de vivre, qui ne se décrète pas, participe d'une certaine vitalité. Et quand la maladie frappe à la porte, elle finit par la décourager. Pas toujours, mais souvent.

La joie de vivre, qui ne se décrète pas, participe d'une certaine vitalité.

En attendant j'apprends à me réjouir sans raison. Comme mon professeure de joie.

C'est vrai, il y a une part de chance, celle de l'avoir eue au biberon. Mais la cultiver ne dépend que de nous. Chaque jour nous en offre l'occasion. Tendez-lui la main, elle la saisira.

« Plutôt que de bonheur, je parlerais de joie. Ce n'est pas la même chose. Je trouve dans la joie une splendeur à vivre, y compris dans la douleur. Et ce n'est pas un habit dont je me suis revêtue pour supporter les difficultés de l'existence. Non, je crois simplement que j'ai été armée très tôt pour cette capacité à accéder à la joie pure. Car ce serait un don ? Je crains en effet que cette aptitude ne soit pas donnée à tout le monde. J'ai cette propension à jouir du moment présent, sans anticiper sur les joies du lendemain. À tout apprécier. Jusqu'à l'éclat du soleil d'automne que j'aperçois à cet instant à travers la vitre. »

Je ne le dirai jamais mieux que la grande dame que fut Françoise Héritier, un de mes soleils, répondant aux questions d'Annick Cojean dans *Le Monde*, peu de temps avant qu'elle ne nous quitte. J'ai hésité à écrire « fut » à son sujet. Elle est toujours là.

DE DÉCOUVERTE
EN DÉCOUVERTE,
LA LIBERTÉ

*« Je viens de prononcer le mot Liberté.
Il me semble que nous autres adultes
vivons dans un monde où il n'y a
point de liberté. La liberté est une loi
mouvementée qui croit et se développe
avec l'âme de l'Homme »*

Rainer Maria Rilke

On me dit : « Untel, à 95 ans, il va en Amérique
du Sud ! » Ione, 80 ans, préfère traquer ce qu'elle
appelle la « densité des moments réussis » : « Avec
l'âge, je sais mieux en profiter. Mais je les collec-
tionne depuis toujours, depuis que j'ai l'âge de
penser. Au Croisic par exemple, un rocher. La mer.
Des moments que je fixe. »

Françoise, mère et grand-mère aimante, en devenant une femme libre, rencontre un vrai amour à 62 ans. Elle en a 74.

On associe la nouveauté et la liberté à la jeunesse. Vous étonnerai-je, si je vous dis que mes 75 ans me surprennent davantage encore que mes 20 ans ?

Les découvertes sont aussi nombreuses que les renoncements. Au premier rang desquelles la faculté d'émerveillement.

Mon amie Fany, jeune quadragénaire, créative et entrepreneur à succès, a gardé son âme d'enfant. Curiosité et émerveillement guident ses choix dans bien des domaines. Nous nous rejoignons, entre autres, sur celui de la nourriture. Gourmande, d'un solide appétit et cuisinière, elle m'invite avec deux autres de ses amies, de son âge, à déjeuner... à Copenhague. Généreuse, elle partage ses adresses, ses amies et ses découvertes. Aller et retour en à peine plus de 24 heures pour nous offrir une expérience gastronomique. Il m'est arrivé de le faire quelques rares fois, toujours avec JL.

L'idée de ce déjeuner de filles à 2 heures d'avion me fait l'effet d'un sapin de Noël, à un enfant de 2 ans. Touchée, je dis oui. Une réunion importante se glisse entre-temps le même jour. Je m'interroge, j'hésite. JL me souffle la solution, comme souvent : je serai présente à cette réunion en vidéo. Mon trouble n'aura duré que 5 minutes. Je ne me priverai pas de cette escapade « pour fêter l'amitié », comme dit Fany. Et la vidéo a fait son effet.

Ce fut une fête, un hymne à la joie et à l'amitié entre filles. Amitié d'une complicité singulière, plus libre aussi, que nous aimons toutes à tout âge. Dont nous avons besoin. J'avais un peu oublié ces « petites folies » comme dit la chanson.

Le repas, un moment d'anthologie, inoubliable où l'étonnement le disputait aux saveurs. Je me suis métamorphosée en Japonaise, photographiant, les 13 œuvres d'art miniatures qui arrivaient au bon rythme, avant de les déguster En bouche, les notes éclataient les unes après les autres, avec une extrême courtoisie. Sans que jamais l'une ne fasse de l'ombre à la suivante. Chaque dégustation était piquée de fleurs minuscules, aux 1 000 couleurs, toutes comestibles, sélectionnées et posées, à la pince à épiler en cuisine.

3h45 à table dans la joie, le rire et la gourmandise. Sous un ciel bleu et un soleil éclatant de juin, faisant de ce lieu un îlot de lumière divine. Tout était hors du commun, y compris que je tienne plus d'1h30 à table. Vous l'avez deviné, nous recommencerons bientôt. Le rendez-vous est pris pour découvrir une autre table. La barre est haute ? Fany a trouvé. Mais avant, j'emmène JL à Copenhague. La réservation est faite.

John Cowper Powys, philosophe anglais inclassable du XXᵉ siècle, dit cette chose qui enchante l'Orientale que je suis : « La vieillesse recherche l'oisiveté afin de retrouver son âme. » Oui : l'oisiveté temporaire, un art réservé au plus petit nombre, se goûte quand vient la vieillesse.

Mais si, comme Ione, je ne l'avais pas pratiquée et vu faire dans ma jeunesse – au Maroc dans mon cas –, j'en serais bien incapable aujourd'hui, après tant d'années de temps saturé.

JL, qui ne sait pas ne rien produire ou entreprendre, me faisait part pour la première fois au dîner, de sa découverte de la *disponibilité* – qu'il aurait du mal à nommer oisiveté tant ce mot est entendu comme « la mère de tous les vices ». Ce sont ses tout premiers pas dans ces rares instants sans écran, sans livre, sans projet et sans dormir. Émouvant. Juste regarder les pâquerettes et être content. Ou observer que le poirier sauvage se couvre de feuilles à une rapidité impressionnante. Je précise que ce poirier est à la même place depuis plus de 30 ans. Qu'il l'ait déjà vu se transformer en mai, je n'en doute pas. Mais en parler, avec l'émotion de la découverte, est inédit. Il n'a pas utilisé le mot « âme » mais il s'agissait bien d'une émotion vécue à un autre niveau.

La vieillesse est l'âge des émotions. Elle peut nous rendre plus enthousiastes, avec une capacité d'émerveillement déployée, mais aussi plus vulnérables. De cette fragilité cristalline du temps qui reste.

Si je résume, sans que la liste soit exhaustive, les découvertes dont je vous ai parlé tout au long de cette conversation, il me revient celles-ci que vous compléterez à votre guise, selon ce qui aura retenu votre attention :

- **Un détachement**, qui ne signe aucunement l'indifférence, juste la moindre importance de ce qui semblait en avoir.

- **Petit à petit « on élague »,** comme dirait Ione la paysagiste. Des gens, des voyages – on hésite à aller loin pour une semaine – des activités. Pas encore mes placards, mais ça va venir. Les goûts évoluent les priorités aussi.

- Une plus grande sensibilité à la beauté, à la nature, au calme, au silence, aux gens qu'on aime. De ce fait, **une plus grande vulnérabilité**.

- Curieusement, **les peurs connues s'apaisent**. D'autres surgissent, qui touchent à la maladie, la nôtre ou celles de nos proches.

- **la bienveillance envers soi.** Un apprentissage nécessaire quand on n'a pas démarré plus tôt. Si, comme moi, vous avez un chat, observez-le.

Vous verrez, plus il vieillit, moins il saute haut. Plus il dort.

- **de nouveaux usages.** Je résiste encore aux réseaux sociaux malgré l'initiation claire et bienveillante de Sophie, Anne-Sophie, Florence. Je ne compte plus les bénévoles et leur patience. Là encore, JL s'est lancé avant moi, comme pour la lecture des journaux sur Ipad, qu'il pratique depuis des années. Je n'ai pas renoncé au papier mais j'en lis beaucoup moins. Contrairement à lui, je traite mes mails sur mon Iphone. Chacun ses trucs.

- **Expérimenter de nouveaux rapports humains.** Nous changeons de place et donc de point de vue, de regard, de fonction. Pour les autres aussi. La transmission est pour moi, une gratification, une sorte d'aboutissement qui ouvre sur un nouveau rapport aux autres. Toujours ma manie d'aimer le contact avec les plus jeunes.

- **la puissance du silence**, qui angoisse tant de personnes, les jeunes surtout. Si on m'avait dit qu'un jour je choisirai souvent le silence à la musique, j'aurais éclaté de rire. Même JL, qui ne peut vivre sans musiques, classique surtout, découvre les vertus du silence.

- **la force de l'acceptation**, et l'accès à cette posture mentale que beaucoup refusent long-temps. Pensant qu'il s'agit de résignation ou d'un signe de faiblesse. Jusqu'au jour où ils découvrent que son alternative est la souffrance.

- Enfin car la liste serait longue : **si le corps s'use, l'esprit et le cœur se bonifient.**
- **L'âme est plus présente.**
- Ma plus belle des découvertes : un sentiment de **liberté** d'une autre nature, toute neuve, qui nourrit la joie de vivre.

CONCLUSION

*« Ce n'est pas un défaut de vieillir c'est
une chance »*

Agnès Buzyn,
ministre des Solidarités
et de la Santé, mai 2018

ON DEMANDE À AI WEIWEI, le dissident chinois, star de l'art contemporain : « Pensez-vous à votre âge ? » « Non, c'est comme le temps, dit-il, c'est quand il fait froid que je pense à mettre un manteau. Sinon, l'idée même d'un manteau ne me viendrait pas à l'esprit. »
Il n'est pas plus difficile de vieillir que de vivre. Le surgissement de la longévité nous invite à prendre en compte cette nouvelle réalité avec philosophie.
C'est parce que j'ai 75 ans que j'ai envie de dire les bénéfices que je tire de cet âge. Les désagréments sont bien connus. Dire aussi le temps qui passe, la fragilité qui s'installe. Le

Il n'est pas plus difficile de vieillir que de vivre.

dire suffisamment fort, du moins le tenter, pour libérer les femmes non de la vieillesse mais de la peur de vieillir.

Le temps et l'âge préparent à d'autres naissances.

Le temps et l'âge préparent à d'autres naissances. Promis. Ne vous fermez pas à cette expérience. Vous en serez gratifiées.

Un espoir : la prise de conscience des nouvelles générations et leur soif de transmission. J'ai la faiblesse d'y céder, pour mon plus grand plaisir. Mon capital est ma sincérité. Consciente de ma chance, je n'ai rien d'autre à partager qu'une expérience réelle et heureuse, malgré tout, du vieillissement dans une ère nouvelle de l'histoire de l'Humanité, celle de la longévité.

Mon ambition est folle, participer à ma modeste place, avec d'autres, au changement d'imaginaire de la vieillesse. En racontant la réalité quotidienne, tant qu'on n'est pas malade. Et si les malades sont toujours trop nombreux, ceux qui vieillissent bien sont de plus en plus nombreux. Les feuilles mortes de Jacques Prévert n'en finissent pas de mourir. J'ai la faiblesse de penser qu'on n'en finit pas de vivre. Hokusai, le « fou de dessin » japonais qui vécut de la fin du 18e siècle à la moitié du 19e, laisse derrière lui une œuvre de 30 000 dessins. Sur son lit de mort, à 88 ans, il prononce ces dernières paroles : « Si le ciel m'avait accordé encore dix ans de vie, ou même cinq, j'aurais pu devenir un véritable peintre. »

Pour les femmes de ma génération, ce vieillissement inédit est une aventure. Non au sens où l'a vécu Alexandra David Néel, héroïne, partie à la découverte du Tibet, au tout début du XXᵉ siècle, mais aventure tout de même, puisque nous devons, les premières, explorer cette longévité sans antériorité dans l'histoire. Je la vis ainsi, avec curiosité et une sorte de gourmandise. J'attendais de vieillir avec une certaine impatience. Je ne suis pas déçue.

Au fond, le mariage et la vieillesse auront été les deux aventures de ma vie. Aussi folle l'une que l'autre. Tant de découvertes.

Pour les jeunes, je forme le vœu que vieillir soit un projet. Qu'ils s'y préparent au mieux et le plus tôt possible. Vieillir surprend mais s'apprend. L'acceptation de cette étape de vie et les rêves à réaliser qui s'y rattachent ne s'improvisent pas à la veille de ses 70 ou 80 ans. Si on fait sien ce mantra tôt dans la vie et qu'on y adhère, on sera rôdé pour dire OUI à la vieillesse.

Dire OUI à la vieillesse.

Vieillir n'est en rien la chose la plus grave qui puisse arriver. La perte d'autonomie et l'isolement, oui. Tragique.

Vieillir n'est rien d'autre que vivre.

La mort ? Comment parler de ce que je ne connais pas. Pas plus que quiconque. Et lorsqu'elle advient, il est trop tard pour prendre la plume. J'y pense si rarement, toujours dans une

Vieillir n'est rien d'autre que vivre.

grande paix. C'est peut-être ça, être prête. Et tant mieux si ça n'est pas demain. J'ai encore plein d'innovations à faire en cuisine. Plein de livres à lire et d'amour à donner.

Ione partage en riant cette phrase de Michel Serres : « Ou il y a une vie après et si je rencontre Sénèque sur les Champs-Élysées, ce sera génial. Ou s'il n'y a rien, tant mieux, j'ai envie de dormir. »

Postface de JL

Je viens de terminer la lecture du livre de celle que je nomme P, comme pour elle je suis JL. Un témoignage de vitalité que je souhaite contagieux pour ses lectrices (teurs). Je me suis aperçu qu'il y est beaucoup question de moi. Elle me met sur un piédestal. Ça me gênerait, si je n'en avais pas autant à son service.

Malgré notre légère différence d'âge, 6 ans, nous avons abordé le pays de la vieillesse en même temps. Lorsque nous avons renoncé à nos activités professionnelles. Vous venez de la lire, P est dans la joie.

Le contentement me suffit. Mais nous partageons le plus simple et le plus décisif des plaisirs, celui d'être.

Certains penseront : à leurs âges n'est-ce pas tout ce qui leur reste ?

Oui, il nous reste l'essentiel, dont toutes nos agitations passées ne nous avaient pas permis de jouir aussi pleinement. Nous en parlons ensemble presque chaque jour. Un jardinage d'amour.

J'ai si souvent pensé et dit de P, qu'elle est la
plus grande chance de ma vie. Partager, jour
et nuit, sa vitalité, être le premier bénéficiaire
de son exceptionnelle ouverture aux autres, me
fait porter un toast à la Providence.

Quand je l'ai, miracle, rencontrée il y a plus
de 30 ans, j'en ai parlé avec un de ses anciens
amoureux, qui est aussi un ami commun. « C'est
une grande dame », m'a-t-il dit. Je n'ai cessé de
le constater à son contact. C'est aussi une si
joyeuse compagne. Et ça, vous le verrez, c'est
peut-être la recette du bien vieillir ensemble.
Vous imaginez ; vieillir avec elle ? Quel pied !

« Le rêve de Stella »
Spotlight /
Starmania

https://www.youtube.com/watch?v=NiYGXm0vGu4
L'univers est un Star System
La terre est une poussière d'étoile
La lune sera mon diadème
Pour mes noces transsidérales

La Voie lactée sera mon voile nuptial
Ma robe de mariée une aurore boréale

Toi qui sais déjà la fin de mon histoire
Emmène-moi avec toi dans le ciel
Je m'appelle Stella car j'ai rêvé un soir
D'être une étoile éternelle

Devant mon miroir j'ai rêvé d'être une star
J'ai rêvé d'être immortellement belle
Ce soir j'irai voir à travers le miroir
Si la vie est éternelle

Si la vie est éternelle

Alors que je finissais d'écrire ce livre, j'ai écouté par hasard, sur Spotify, cette chanson. Est-ce un hasard ? Elle m'émeut toujours autant. Pourquoi ne pas nous quitter en musique ? La voici, interprétée par Diane Dufresne. *Starmania* est une comédie musicale de Michel Berger sur un livret de Luc Plamondon. Créée le **10 avril 1979** au palais des Congrès de Paris. Je l'ai vue trois fois.

Annexe

La révolution de la longévité, en quelques chiffres

« 75, c'est le nouveau 65. Les personnes âgées de 75 ans ont le même niveau de santé que celles âgées de 65 ans il y a cinquante ans »

Pr James Vaupel, fondateur et directeur de l'Institut Max-Planck de démographie, Rostock, Allemagne

MONDE

– Depuis plus de 150 ans, l'espérance de vie augmente en moyenne de 2,5 ans toutes les décennies dans les pays riches[1] :

---

1. Swiss Life et The Economist Intelligence Unit, 2016.

Pendant des millénaires, la durée de vie humaine est restée comprise entre 25 et 35 ans.

Dans les années 1840, ce chiffre a légèrement augmenté dans certaines régions d'Europe pour atteindre 45 ans.

Jusque dans les années 1970, l'augmentation de l'espérance de vie était due à la diminution du nombre de morts prématurées. Depuis, elle s'explique principalement par **la baisse de la mortalité parmi les personnes de plus de 65 ans.**

Dans un certain nombre de pays européens, tels que l'Autriche, la France, l'Allemagne et la Suisse, **depuis 50 ans, le nombre de centenaires double toutes les décennies.**

— Dans le pays ayant la plus grande espérance de vie moyenne, **les femmes ont toujours eu l'espérance de vie la plus élevée**[1] :

Mais **l'écart hommes-femmes tend à la baisse :** allant de 3,9 ans en Nouvelle-Zélande à 8,5 ans en Pologne en 2010, **il devrait diminuer dans tous les pays d'ici à 2030 à l'exception du Mexique,** où les femmes devraient gagner en espérance de vie plus que les hommes, et au Chili, **en France et en Grèce**, où l'espérance de vie des hommes et des femmes devrait augmenter de la même manière.

— Le classement de l'espérance de vie par pays[2] :

---

1. The Lancet, revue médicale britannique, 2017.
2. World Economic Forum, 2018.

sur 137 pays dans le monde,

Les pays du top 10 sont des pays asiatiques et européens.

Les 10 en fin de liste sont des pays africains.

Nº 1. Hong Kong : 84,3 ans.

Nº 2. Japon : 83,8 ans.

Nº 3. Italie : 83,5 ans.

Nº 4. Espagne : 83,4 ans.

La France arrive en 7ᵉ place : 82,7 ans.

Le Royaume-Uni a atteint la 20ᵉ place, aux côtés de la Grèce, avec une moyenne d'espérance de vie de 81,6 ans.

Les États-Unis sont à la 37ᵉ place, avec une moyenne de 78,7 ans.

Le dernier pays du classement est le Swaziland, avec une moyenne d'espérance de vie estimée à seulement 48,9 ans.

FRANCE[1]

— Sur les 60 dernières années, hommes et femmes ont gagné 14 ans de vie en moyenne : L'espérance de vie d'une femme, en France en 2015, était déjà de 85,1 ans. Celle d'un homme de 79 ans.

---

1. Insee.

En 2050, l'Insee prévoit 91,1 ans d'espérance de vie pour les femmes et 86 ans pour les hommes – si les facteurs structurels de l'allongement de la vie se maintiennent.

– Au 1er janvier 2016, les plus de 65 ans étaient 12,5 millions :
En 2070, ils seront plus de 23 millions, soit 1 personne sur 4.
En 2018, il y a autant de personnes de moins de 15 ans que de personnes de plus de 65 ans, soit 18% de la population totale.

– Les centenaires :
En 1970, on en comptait 1 000.
Actuellement ils sont 21 000 (5 sur 6 sont des femmes).
Dans 50 ans, ils seront 270 000, si les tendances actuelles se prolongent.

JAPON[1]

Depuis 2015, les Japonaises ne possèdent plus l'espérance de vie la plus élevée au monde :
Avec une moyenne de 87,05 années d'espérance de vie à la naissance, elles sont alors dépassées par les Hongkongaises (87,32 ans).

---

1 Ministère de la Santé du Japon, 2017.

En 2015, les hommes japonais ont également chuté de la 3ᵉ à la 4ᵉ place, avec une moyenne de 80,79 ans.

ÉTATS-UNIS

– Un bébé né aux États-Unis en 2016 peut espérer vivre en moyenne jusqu'à 78,6 ans, soit **une baisse de 0,1 %** par rapport à 2015[1] :
En 2015, l'espérance de vie avait déjà baissé de 0,1 %. Il s'agissait alors d'une première depuis le pic de l'épidémie de sida de 1993.
La multiplication des décès par overdose de drogue et de médicaments est en partie responsable.
– En 2016, les plus riches Américains peuvent espérer vivre 14,6 ans de plus que les plus pauvres[2] :
L'espérance de vie des femmes américaines est plus longue, qu'elles fassent partie des plus pauvres ou des plus riches. À 40 ans, elles peuvent espérer vivre jusqu'à 78,8 ans pour les 1 % des plus démunies, et jusqu'à 88,9 ans pour les 1 % les plus riches, soit une différence de 10 ans.

---

1. Centre national de la statistique de la santé américain (NCHS), 2017.
2. *Journal of the American Medical Association*, 2016.

CHINE[1]

— Entre 1990 et 2013, l'espérance de vie des Chinois mesurée à leur naissance a augmenté dans toutes les provinces, municipalités ou régions autonomes chinoises :

Les hausses vont de 4 ans dans la province du Hebei (qui entoure Pékin) à 14 ans dans la région autonome du Tibet.

L'espérance de vie la plus élevée de Chine, 80 ans chez les hommes, 85 ans chez les femmes, sont des chiffres comparables à ceux de pays comme la France ou le Japon. Des régions de l'ouest de la Chine affichent des espérances de vie inférieures de 10 ans tant chez les hommes que chez les femmes, les rapprochant de pays en développement comme le Bangladesh.

RUSSIE[2]

— Il y a un siècle, l'espérance de vie des Russes n'était que de 30,5 ans.

— En 2017, à l'issue du premier semestre de l'année en cours, elle a atteint **72,4 ans, soit une**

---

1. The Lancet, 2017.
2. Annonce de la vice-première ministre russe Olga Golodets, 2017.

hausse de 0,5 % par rapport à l'année 2016. Un record absolu pour le pays.

– En Russie, l'écart d'espérance de vie entre hommes et femmes oscille autour de 10 ans. En 2017, l'espérance de vie des femmes à la naissance est de 77 ans, alors que celle des hommes est de 66,5 ans.

NORD COMPO
m u l t i m é d i a

Composition et mise en pages
Nord Compo à Villeneuve-d'Ascq

Nº d'édition : L.01EPMN001028.A004
Dépôt légal : septembre 2018

Imprimé en France par CPI
en janvier 2019

N° d'impression : 151244